Cómo sobrevivir en
AMBIENTES LABORALES TÓXICOS

Cómo sobrevivir en
AMBIENTES LABORALES TÓXICOS

RICARDO CALZA GONZÁLEZ

www.ricardocalza.es

Imágenes de portada:
Creative technological background. Cloud Inside an empty room © Kirill Kedrinski - Fotolia.com
Business team © alphaspirit - Fotolia.com
Gas mask on white © James Steidl - Fotolia.com

Foto del autor:
© 2014, José Antonio Domínguez Loureiro.

© 2013, Ricardo Calza González.

CreateSpace Independent Publishing Platform
1 edición (Octubre 2015); v57

ISBN-13: 978-1517635763
ISBN-10: 1517635764

ÍNDICE

INDICACIONES DE USO

	¡ADVERTENCIA! En casos de personas afectadas por altos niveles de toxicidad laboral la lectura de este libro puede provocar efectos secundarios.
	POSIBLES EFECTOS SECUNDARIOS Sensación de libertad. Sensación de ligereza. Sonrisa de Duchenne. Episodios de alegría espontánea. Euforia. Sensación de "aire fresco" en vías respiratorias y pulmones.
	DOSIFICACIÓN Para evitar la aparición de efectos adversos se aconseja repartir la lectura en una sesión de duración breve al día durante varios días.
	DUDAS En caso de dudas o efectos secundarios consulte a su psicólogo.
	MANTÉNGASE FUERA DEL ALCANCE DE JEFES Y COMPAÑEROS DE TRABAJO

«Hoy es mi último día en Goldman Sachs. Después de 12 años en la firma creo que he trabajado aquí lo suficiente como para entender la trayectoria de su cultura, su gente y su identidad. Y puedo honestamente decir que el ambiente ahora es tan tóxico y destructivo como no he visto nunca».

Greg Smith
Ex directivo de Goldman Sachs[1]

---

[1] Goldman Sachs Group Inc. es uno de los mayores grupos del mundo en el negocio de banca de inversión y servicios financieros. Se le considera uno de los responsables de la crisis económica de 2008. En ese mismo año tuvo que ser rescatado de la bancarrota por la Reserva Federal norteamericana.

INTRODUCCIÓN

PROBLEMAS EN EL TRABAJO

A lo largo de los años he ido manteniendo conversaciones con muchas personas que tenían problemas en su trabajo y para las que su entorno laboral era una fuente de gran insatisfacción y sufrimiento. Sorprendentemente, de todas las personas con las que tuve este tipo de conversaciones, nunca oí a ninguna quejarse del tipo de trabajo que realizaba. Para todas, sin excepción, la causa de sus problemas era el ambiente en el que trabajaban: malas relaciones con compañeros, procedimientos de trabajo poco eficaces o un sistema de organización empresarial que no entendían y no compartían. En todos los casos, era el ambiente laboral, y no el trabajo en sí mismo, lo que les resultaba tóxico.

En este libro definiremos qué es el ambiente laboral, cuáles son sus características y qué significa exactamente que un ambiente laboral sea *tóxico*. Explicaremos cuáles son los factores que lo hacen tóxico, y cómo influye en las actitudes y el comportamiento de las personas. Veremos también qué podemos hacer para adaptarnos mejor a un ambiente laboral tóxico, reduciendo así el impacto negativo que tiene sobre nosotros y consiguiendo que seamos capaces de trabajar en un ambiente de este tipo sin pagar como precio un alto grado de desgaste personal.

Además, los resultados del test de toxicidad del ambiente laboral que encontrará en estas páginas le ayudarán a ver de forma muy clara y gráfica cuál es el grado de toxicidad del ambiente de su empresa.

Por último, lo expuesto en este libro le servirá también para recibir apoyo. Si trabaja en un ambiente tóxico es probable que no tenga muchas oportunidades de sentir que los demás le comprenden. Más allá de familia y algunos amigos, no siempre resulta fácil encontrar a alguien que entienda por qué nos sentimos mal en el trabajo. A veces, incluso a nosotros mismos nos cuesta entenderlo y podemos llegar a sentirnos culpables por no conseguir adaptarnos con el mismo éxito con el que parecen hacerlo otras personas a nuestro alrededor. En ocasiones podemos incluso estar inmersos en un estado de confusión mental que nos impide entender qué está pasando exactamente y cuál es la actitud correcta que debemos adoptar.

Por eso, estoy seguro de que le reconfortará saber que se puede analizar, entender y explicar el funcionamiento de los ambientes laborales, y determinar cómo influyen tanto sobre las personas como sobre las propias empresas.

¿A QUIÉN VA DIRIGIDO ESTE LIBRO?

El libro está dirigido a cualquier persona que se mueva diariamente dentro de un ambiente laboral, sea tóxico o no, y a cualquiera que tenga interés por comprender mejor la influencia que el ambiente laboral puede ejercer sobre las actitudes de las personas.

A quienes trabajen en un ambiente tóxico, la lectura del libro les proporcionará conocimientos que les permitirán analizar y entender mejor ese ambiente y les enseñará una serie de estrategias que les resultarán útiles para conseguir una mejor adaptación personal a su entorno laboral.

A las personas que no trabajen en un ambiente tóxico, el libro les ayudará a entender situaciones y sensaciones reales que experimentan todos los días muchas personas en su trabajo. Aprenderán a reconocer los síntomas que muestra un ambiente laboral cuando empieza a volverse tóxico, para que así puedan adaptarse a él o para que, si tienen oportunidad, contribuyan a evitar que cambie. Es importante tener en cuenta que las empresas están en continua evolución y, como veremos en el primer capítulo, hasta una empresa de más de cien años de existencia puede acabar desarrollando unos niveles extremadamente altos de toxicidad en su ambiente laboral.

El libro será también de ayuda para los profesionales cuya responsabilidad dentro de la empresa es precisamente controlar el ambiente laboral, para que sean más conscientes de en qué medida es importante su trabajo y para dotarles de una nueva perspectiva que les permita ejercer mejor la enorme responsabilidad que tienen sobre el bienestar de las personas, su rendimiento y el exitoso funcionamiento de su empresa.

DEJANDO ATRÁS LA DEMAGOGIA

Es probable que esté de acuerdo con todo o casi todo lo que se dice en este libro, pero, si se mueve en un ambiente laboral tóxico, a la vez compruebe sistemáticamente que en su empresa esto no se aplica y que no parece ser castigada por ello: sigue obteniendo beneficios económicos, los jefes tienen buenos coches, y compañeros con actitudes tóxicas están mejor valorados que usted y parecen tener mejores posibilidades de desarrollo profesional. Por estas razones, tal vez reaccione con una actitud de rechazo a algunas de las ideas que expondré en el libro, calificándolas de idealistas o utópicas, porque lo que se le presenta no se corresponde con la realidad que vive cada día en su trabajo.

Sin embargo, cuanta más intensidad tengan esas reacciones de rechazo, más serán un claro ejemplo de hasta qué punto su ambiente laboral le ha contagiado toxicidad, haciendo que reaccione con actitudes defensivas ante argumentos que en realidad comparte. La toxicidad del ambiente le habrá causado pérdida de integridad personal, y posiblemente sumido en un estado tal de apatía y conformismo que da por bueno conseguir beneficios económicos aun a costa de sacrificar ciertos valores personales, aceptando con resignación que no existe otra forma mejor de conciliar ambas necesidades. Exactamente esa es la misma actitud que, como comprobará en el primer capítulo, un directivo de una importante corporación financiera describía que se había extendido por su empresa y que le había llevado a presentar su dimisión.

Debemos tener en cuenta que empresas y personas comparten características comunes. Las empresas, como las personas, tienen una personalidad que las diferencia unas de otras. Y las personas, como las empresas, también pueden ir a la quiebra por una mala gestión. Para una empresa, la quiebra llega cuando las pérdidas económicas superan a los beneficios. Para una persona, la quiebra llega cuando el número e intensidad de las sensaciones negativas que experimenta cada día superan constantemente a las positivas. Pero mientras que para una empresa la quiebra supone *solo* consecuencias económicas, para una persona, que se mueve en más planos que el económico, la quiebra puede traer, como veremos, problemas en su vida profesional, en su vida personal y en su salud.

Por este motivo no debe cometer el mismo error que las empresas que no vigilan el ambiente laboral porque lo consideran un tema de menor importancia. Al fin y al cabo, es precisamente ese error lo que ha provocado que pueda estar usted sufriendo las consecuencias de trabajar en un ambiente tóxico.

Al hablar de los ambientes laborales no debemos permitir que nuestras reacciones defensivas, o las de otros, nos hagan caer en la demagogia. Cuando utilicemos la expresión *«cuidar el ambiente laboral»* no debemos referirnos a que una empresa deba dedicar todos sus esfuerzos a que sus trabajadores sean felices. No hablamos de crear unas condiciones de trabajo utópicas. Se trata de que una empresa debe ser consciente de que la consecución de sus objetivos económicos depende de tres factores: personas, procedimientos de trabajo y organización. Y por lo tanto, debe velar para que en ninguno de esos tres aspectos se traspase el límite por debajo del cual las personas se sentirán atacadas en su integridad, se desmotivarán y empezarán a mostrar altos niveles de insatisfacción laboral, que si se contagian a otras personas acabarán por provocar una disminución generalizada del rendimiento, que tendrá consecuencias en la productividad y en los resultados económicos de la empresa.

Si una empresa pone en marcha acciones que consigan que no se traspasen esos límites, el rendimiento global de sus empleados será como mínimo aceptable y no habrá niveles de toxicidad peligrosos en el ambiente. Hasta ese límite es obligado para una empresa cuidar el ambiente laboral si quiere sobrevivir a medio plazo. De ese límite para arriba, la empresa dispone ya de más margen para decidir cuánto esfuerzo quiere dedicar a mejorar su ambiente laboral.

Cuando una empresa permite que haya toxicidad en su ambiente laboral está sembrando las semillas de futuros problemas. Cuantos más problemas tenga, más desgaste sufrirá y más aumentará la probabilidad de que alguno o varios de ellos pongan en riesgo su supervivencia a medio o largo plazo.

Cada día que una *empresa* consiente un ambiente laboral tóxico se desvía un poco del curso ideal de su desarrollo, y tarde o temprano la distancia será tan grande que resultará prácticamente imposible retroceder y corregir el rumbo. Y cada día que una *persona* se somete y acepta con resignación la toxicidad que le contagia un ambiente laboral tóxico se desvía un poco del curso ideal de su desarrollo, y tarde o temprano la distancia será tan grande que le resultará prácticamente imposible retroceder y corregir el rumbo.

CONSIDERACIONES

En la toxicidad que puede tener un ambiente laboral hay grados, así que los niveles pueden variar de una empresa a otra. Puede que en su empresa, o en alguna empresa en la que haya trabajado, no se den tantas variables tóxicas como las que vamos a señalar aquí. Unas empresas tendrán un ambiente más tóxico que otras, y otras lo tendrán relativamente sano. Lo importante es que una vez leído el libro pueda aplicar lo que crea que le resulte de utilidad para adaptarse mejor al ambiente en el que usted trabaja.

A lo largo del libro me referiré siempre, de forma general, a empresas en las que haya un ambiente laboral tóxico. No pongo en duda que existen empresas que sí tienen en cuenta el ambiente laboral como un factor a cuidar para mejorar su productividad y competitividad.

Con la expresión «ambientes laborales tóxicos» no me refiero a ambientes en los que no se cumplan los derechos de los trabajadores. Ese incumplimiento también puede ayudar a que un ambiente sea tóxico, pero la toxicidad de un ambiente laboral no depende de que se incumplan este tipo de derechos, sino de que no se respeten los derechos personales que todos tenemos. Estos derechos personales no son ni los derechos laborales ni tampoco los derechos humanos. Los derechos personales son los límites que no se deben traspasar para que una persona no sienta que su integridad como ser humano está siendo agredida. Más adelante veremos cuáles son estos derechos, en concreto los que se refieren al ámbito laboral. Estoy seguro de que conocerlos le sorprenderá, y comprobará cómo se pueden poner en palabras muchas sensaciones e intuiciones de las que hasta ahora no había sido plenamente consciente.

Evidentemente en el libro hay subjetividad, ya que el ambiente laboral por definición es una percepción subjetiva, pero siempre que he podido he tratado de contrastar, desde la propia experiencia, desde la de otros y desde las investigaciones realizadas por otros autores, mis percepciones, para que lleguen a los lectores con la mayor honestidad y objetividad profesional posible.

Durante el libro, salvo que especifique más, usaré la palabra compañeros para referirme a personas de todos los puestos jerárquicos posibles en una empresa, ya sean de una escala básica, de mandos intermedios o de puestos de dirección.

Para personas que hayan tenido la suerte de no haber trabajado nunca en empresas con ambientes tóxicos, algunas de las situaciones que se describirán en el libro les pueden resultar extrañas. Esto será porque están alejadas de la realidad que conocen. Con la lectura del libro tendrán la oportunidad de empatizar mejor con personas que trabajen en este tipo de ambientes. Estoy seguro que quienes hayan trabajado o trabajen en ambientes laborales tóxicos verán reflejadas aquí muchas de sus vivencias y encontrarán explicaciones y soluciones a situaciones que les han causado, o todavía les causan, altos niveles de sufrimiento psicológico.

Un ambiente laboral tóxico no es un ambiente en el que necesariamente se dé *mobbing*. Mobbing es un término que se refiere a las estrategias que una empresa utiliza para desmotivar o castigar intencionadamente a una persona en concreto, buscando incluso que presente su renuncia. Una empresa puede utilizar estrategias de mobbing con un trabajador exista o no en ella un ambiente laboral tóxico. Un enfrentamiento personal o una actitud equivocada por parte de los responsables de una empresa pueden acabar derivando en mobbing. Por este motivo, en el apartado en el que hablemos de las estrategias de ataque tóxicas, me referiré también brevemente al mobbing. Pero mientras que el mobbing es una estrategia puntual, consciente e intencionada dirigida contra una persona, la toxicidad en el ambiente laboral es algo que afecta a parte o a todas las personas que trabajan en una empresa y que se debe básicamente a una organización deficiente, no a acciones intencionadas que tienen como objetivo crear mal ambiente laboral, aunque esto no debe liberar a nadie de la responsabilidad por sus actitudes y comportamientos.

Algunas de las reglas y explicaciones que se dan en el libro son de aplicación no solo a empresas, sino también a otras agrupaciones de personas (instituciones, organizaciones y grupos de diferentes clases) que persiguen un fin determinado, sea o no económico.

Nada de lo que se dice en el libro pretende ser un dogma, es decir un argumento no sujeto a matizaciones, ampliaciones o críticas. Todas las ideas desarrolladas pretenden sencillamente ser una aportación más, a la que pueda recurrir cualquier persona que sufra los efectos de un ambiente laboral tóxico. Me alegraría que también sirviera de inspiración a otras personas que quieran hacer su propia aportación para una mejor comprensión de los problemas que pueden tener las personas en el trabajo.

Para facilitar la lectura he omitido, en la medida de lo posible, referencias bibliográficas en el texto. La bibliografía que se encuentra al final del libro proporcionará a los lectores que deseen profundizar en este tema excelentes libros que me han servido como fuente de inspiración y consulta.

PARTE I:
HISTORIA DE UNA DIMISIÓN

1. HISTORIA DE UNA DIMISIÓN

La frase con la que empieza este libro es parte de una carta publicada en el New York Times el 14 de marzo de 2012. Greg Smith, durante doce años directivo del grupo de inversión Goldman Sachs, dirigía esta carta al periódico para explicar públicamente las razones por las que presentaba su dimisión. En la carta, el ex directivo decía que en los últimos años la empresa había ido cambiando su política hasta llegar a un punto en que había dejado completamente de lado los intereses de los clientes con tal de conseguir ganar más dinero. Para Greg Smith, la cultura de la empresa había cambiado de tal manera que su conciencia no le permitía seguir trabajando en un entorno laboral como aquel. Decía que, a pesar de que al público le pudiera parecer extraño debido a la mala fama de los bancos, en el éxito de la empresa que él había conocido hasta entonces había jugado un papel determinante una cultura empresarial basada en valores como el espíritu de equipo, la integridad de sus empleados, la humildad y el cuidado a los clientes. Goldman Sachs no solo trataba de obtener beneficios, sino que también se preocupaba de que la organización estuviera basada en ciertos *valores*. Y estos valores no habían sido incompatibles con la legítima aspiración de ser rentable y ganar dinero, como lo demostraban los casi ciento cincuenta años de vida de la firma.

En los últimos tiempos sin embargo, decía Greg Smith en su carta, había comprobado como todos esos valores se habían ido abandonando para acabar creando un ambiente laboral tóxico y una cultura empresarial nociva como nunca antes había conocido. Para este directivo, el cambio había empezado a producirse en el momento en el que la empresa priorizó los beneficios económicos frente a la manera en cómo se obtenían esos beneficios. Según la percepción de Greg Smith, Goldman Sachs ya no buscaba encontrar y fomentar en sus trabajadores unos valores como pilares en los que se sustentara la actividad de la empresa, sino que solo quería que las personas que trabajaban en ella fueran capaces de hacerla más rentable, sin importar demasiado el modo en que lo consiguieran.

A la vista de la carta de Greg Smith podemos hacernos una idea del ambiente laboral que debía vivirse diariamente dentro de la empresa. Una empresa que no esté soportada en unos determinados valores y cuyo único interés sea el beneficio económico, acabará tratando a sus empleados como meros instrumentos para conseguir un fin, sin prestar demasiada atención a las expectativas, necesidades y problemas que puedan tener las personas que la componen.

No es difícil imaginar, por ejemplo, que en un ambiente en donde solo se reconozca la capacidad para conseguir beneficios económicos, la competitividad puede llegar a extremos radicales, lo que se traducirá en una absoluta falta de compañerismo. Se tratará de conseguir la más mínima ventaja sobre los demás a cualquier precio. Las trampas y las zancadillas entre compañeros serán de uso habitual. El secretismo y la ocultación se extenderán por todos los departamentos, y la desconfianza constituirá la norma general. La responsabilidad sobre el trabajo realizado será sustituida por la culpa por los errores cometidos, lo que provocará que las personas estén más preocupadas por evitar y esconder fallos que por solucionar problemas. Como consecuencia, no se mejorarán los procedimientos de trabajo ni se propondrán nuevas políticas de empresa. El inmovilismo será la política dominante. La comunicación será prácticamente nula, por el miedo a que se pueda utilizar cualquier tipo de información para ganar una mejor posición a los ojos de los jefes. Tampoco es descabellado pensar que cualquier persona que muestre el más mínimo desacuerdo con la cultura de la empresa será automáticamente marginada, no ya por los superiores, sino por sus propios compañeros, debido al miedo que estos tendrán de que se asocien sus ideas con las de la persona discordante. No importará demasiado si están de acuerdo o no con sus opiniones, en un ambiente tan tóxico el miedo será el principal motivador de la mayor parte de los comportamientos, y por lo tanto las personas no expresarán sus verdaderas opiniones. Incluso es posible que algunas personas se sorprendan a sí mismas compartiendo esta retorcida cultura laboral, debido a que por la presión a la que están sometidas se habrán contagiado de la toxicidad del ambiente, lo que les llevará a creer que esa es la única forma posible de sobrevivir en un ambiente tan tóxico.

2. LA PERSONALIDAD DE LAS EMPRESAS

> «El cerebro es un órgano maravilloso. Comienza a trabajar nada más levantarnos y no deja de funcionar hasta entrar en la oficina».
>
> Robert Lee Frost

Las empresas, como las personas, tienen una personalidad propia. Y al igual que ocurre con las personas, según cómo sea su personalidad nos será más o menos fácil relacionarnos con ellas. La relación que establezcamos con una empresa será el resultado de cómo nuestra personalidad y la de la empresa se complementen.

Por ejemplo, en las relaciones personales, lo normal es que con alguien que tenga un carácter analítico y defensivo, orientado a buscar el error y los fallos, nos sea muy difícil mantener una relación, porque siempre verá la parte mala de todo lo que hacemos. De la misma manera, con una persona autoritaria nos será también muy complicado establecer una relación sana, porque no nos dejará expresarnos y es probable que critique casi cualquier aportación que queramos hacer u opinión que manifestemos. Y lo mismo ocurrirá con una persona excesivamente negativa, con la que entablar una relación no nos aportará ningún beneficio personal. Relaciones con personas en las que predominen características como la envidia, el gusto por los rumores, el autoritarismo, la falsedad o la intolerancia serán siempre muy complicadas.

Lo mismo ocurre con las empresas. La personalidad de las empresas está formada por diferentes características que determinan el ambiente laboral que perciben las personas que trabajan en ellas, y según como sea la personalidad de una empresa, las personas se relacionarán con ella de una u otra forma. Esa relación seguirá un determinado curso, influyendo, afectando y modificando las personalidades de los individuos y su manera de comportarse. Esto influirá en el rendimiento de las personas, lo que a su vez repercutirá en la productividad y en la competitividad de la empresa.

Debido a las características especiales que tiene la personalidad de una empresa, es normal que si se dan tensiones entre una persona y la empresa sea el individuo quien lleve las de perder. Las personas pagamos la factura de los conflictos con desgaste emocional, algo que no puede ocurrir con una empresa porque no tiene emociones. Una empresa paga sus conflictos con la pérdida de beneficios. Y lo normal es que una sola persona no le pueda producir a una empresa pérdidas económicas inaceptables. Por este motivo, será más probable que una persona acabe teniendo que hacer más concesiones para adaptarse a su empresa, a que sea la empresa la que cambie normas y formas de organización y trabajo para facilitar la adaptación de una sola persona.

Lo dicho hasta ahora es normal, es como debe ser y no debería causar ningún tipo de problema. El problema aparece cuando la personalidad de la empresa es tóxica. Que la personalidad de una empresa sea tóxica quiere decir que tiene una serie de características que hacen extremadamente difícil establecer una relación sana con ella. Una personalidad empresarial tóxica acabará influyendo de forma negativa en la personalidad de los trabajadores, de tal forma que actitudes y comportamientos sanos terminarán por transformarse en actitudes y comportamientos negativos. Esto causará en las personas confusión, frustración, conflictos y sufrimiento, y a medio o largo plazo acabará provocando que el compromiso y la implicación de los trabajadores se sitúen en niveles muy bajos, y por lo tanto su competitividad sea baja, su producción de poca calidad y el riesgo de quiebra de la empresa sea cada vez mayor.

3. CARACTERÍSTICAS DE LA PERSONALIDAD DE LAS EMPRESAS

«¡Trabaja! Si no lo necesitas para alimentarte, lo necesitas como medicina».

William Penn

«Una máquina puede hacer el trabajo de 50 personas corrientes. Pero no existe ninguna máquina que pueda hacer el trabajo de una persona extraordinaria».

Elbert Hubbard

En el capítulo anterior hemos visto que las empresas tienen personalidad. Pero aunque podamos establecer una comparación con la personalidad humana, debemos tener en cuenta que hay importantes diferencias entre ambos tipos de personalidad.

Veamos entonces, brevemente, cuáles son las características más importantes que diferencian la personalidad de una empresa de la personalidad humana:

– *Simplicidad*. La personalidad de una empresa está compuesta por menos factores que la personalidad humana, por lo que es más simple. Mientras que la personalidad humana es de gran complejidad y variedad, la personalidad de una empresa es de relativa simplicidad. Como explicaremos más adelante, la personalidad de una empresa se puede dividir en tres factores fundamentales. Además, las diferencias entre las personalidades de distintas empresas serán mucho menores que las diferencias que pueden existir entre distintas personalidades humanas. Hay mucha más variedad entre las personalidades humanas que entre las personalidades empresariales.

– *Insensibilidad*. Es decir, una empresa no tiene emociones. La personalidad de una empresa no se compone de emociones, mientras que éstas son una característica básica de la personalidad humana. Esta es una característica muy importante que debemos tener en cuenta a la hora de relacionarnos con una empresa. Como un ordenador, la empresa no tiene emociones y reacciona en base a unas reglas preestablecidas según cuáles sean sus normas de organización. Por el contrario, los seres humanos sí tenemos emociones y ellas son las que nos producen conflictos y desgaste, por lo que si, en un ambiente laboral tóxico, somos excesivamente emocionales llevaremos las de perder, porque entramos en un terreno en donde la empresa no juega. Que el odio, la frustración, el rencor o la venganza determinen nuestra forma de relacionarnos con una empresa no nos aportará nada, porque la empresa no tiene emociones que puedan ser dañadas.

– *Irreflexión.* Dicho de otro modo, una empresa no piensa, solamente reacciona en función de sus reglas, normas y políticas. Por eso, una vez conocidas sus reglas será relativamente fácil predecir cómo reaccionará y hasta qué punto y de qué formas podremos adaptarnos a su ambiente. Las personas piensan, lo que les proporciona flexibilidad, margen de maniobra y capacidad de adaptación a las circunstancias, permitiéndoles adaptarse a las situaciones con rapidez, al contrario de lo que ocurre con las empresas, que tenderán a reaccionar lentamente y siempre de la misma manera.

– *Rigidez.* Los cambios en las empresas cuestan tiempo, esfuerzo y dinero. Al ser producto de decisiones de equipos de personas, que tienen que dar el visto bueno y confirmar los cambios propuestos, los cambios empresariales son lentos y, por lo general, de mucho menos calado y profundidad que los cambios personales. Por ejemplo, si usted o yo queremos cambiar nuestro corte de pelo, solo tenemos que tomar la decisión y entrar en una peluquería. Pero si una empresa quiere cambiar su logotipo necesitará muchas horas de trabajo y colaboración entre departamentos e importantes inversiones de dinero.

La personalidad de las empresas es mucho más rígida y menos flexible que la humana. Se adapta a los cambios con más lentitud, y cuanto más tóxica, lo hará más despacio y con estrategias más ineficaces.

– *Tendencia a la desorganización.* Cualquier organización tiende a dejar de serlo, es decir a desorganizarse. Y esto también es aplicable a una empresa. Solo se puede parar este proceso si se ponen en marcha, y se mantienen en el tiempo, acciones que lo contrarresten[2]. Por eso, si las personas responsables del ambiente laboral relajan su esfuerzo diario, o lo equivocan, enfocándolo en una dirección errónea, lo normal es que el ambiente tienda a volverse tóxico. Goldman Sachs, como veíamos al principio del libro, es una empresa de más de un siglo de antigüedad y el directivo que firmaba la carta llevaba doce años trabajando en ella. Por lo que podemos deducir de la carta, fue solo en los últimos años, cuando las estrategias de adaptación a los nuevos tiempos no resultaron acertadas, que el ambiente empezó a resultarle tóxico.

– *Capacidad de influencia*. La capacidad de influencia en la relación entre la personalidad grupal y la personalidad individual es, generalmente, mayor por parte del grupo que por parte de la persona. Salvo excepciones, lo más frecuente es que el grupo tenga más capacidad de influencia sobre la persona media que ésta sobre el grupo. Siendo conscientes de esto, evitaremos ataques frontales a la personalidad de la empresa, que en la mayor parte de los casos solo nos producirían un gran desgaste y muy pocos resultados positivos.

4. EL AMBIENTE LABORAL

«Mi padre siempre me decía: encuentra un trabajo que te guste y no tendrás que trabajar un solo día de tu vida».

Jim Fox

«Mediante el trabajo ha sido como la mujer ha podido franquear la distancia que la separa del hombre. El trabajo es lo único que puede garantizarle una libertad completa».

Simone de Beauvoir

El ambiente laboral es más propiamente llamado por los profesionales que se dedican a su estudio *clima laboral*. Pero utilizar un lenguaje distinto al que utilizan las personas cuando hablan de

---

[2] La tendencia al desorden se conoce como entropía, que es un término propio de la física.

un problema es el primer paso para alejarse de la comprensión de ese problema, por lo que a lo largo del libro continuaré refiriéndome a él como *ambiente*, ya que he comprobado que siempre que una persona me ha hablado de este tema utilizaba ese término.

Todos tenemos una idea, más o menos vaga, de a qué nos referimos cuando hablamos del ambiente laboral de una empresa. Sabemos que es algo que influye sobre nosotros y lo utilizamos con frecuencia como índice para medir y explicar la satisfacción que tenemos con nuestro trabajo. Pero normalmente nos resulta difícil definirlo con más precisión. La mayoría de las personas suelen asociar el ambiente laboral a las relaciones entre compañeros: si se llevan relativamente bien con sus compañeros dirán que hay «*buen ambiente*», y si se llevan mal, o hay personas con las que les resulta muy difícil tratar, dirán que hay «*mal ambiente laboral*». Pero si bien las relaciones entre personas son parte del ambiente laboral, no lo definen completamente. Hay otros factores lo que componen.

Si continuamos con la comparación que hemos establecido entre la personalidad empresarial y la personalidad humana, podemos decir que el ambiente laboral es la *forma en que una persona percibe la personalidad de una empresa*. De la misma manera que varias personas describirán de diferentes formas la personalidad de un mismo individuo, lo mismo ocurre con el ambiente laboral: distintas personas lo pueden percibir de diferente manera[3].

Sabemos ya entonces que el ambiente laboral es la forma en que las personas perciben la personalidad de una empresa, y que por lo tanto es una percepción subjetiva. Pero además hay que tener en cuenta que igual que la personalidad humana está formada por un conjunto de *factores de personalidad*, lo mismo ocurre con la personalidad de una empresa.

La personalidad de una empresa, y por lo tanto su ambiente laboral, es el resultado de tres factores: *personas, procedimientos de trabajo y organización*.

---

[3] Esto no quiere decir que haya un ambiente laboral por cada persona. Normalmente suele haber un consenso más o menos generalizado, ya que, como hemos visto, la personalidad de la empresa es más simple que la humana, lo que no da lugar a excesivas interpretaciones.

Veamos, desarrollados un poco más en detalle, cada uno de estos factores.

Personas

La personalidad de cada una de las personas que trabaja en una empresa será parte de una suma cuyo resultado se reflejará en la personalidad empresarial.

Algunas de las características de la personalidad de los individuos que más influyen en el ambiente laboral son:

— Valores. Son el conjunto de principios que guían la conducta de una persona.

— Responsabilidad. Es el grado en que una persona reconoce y acepta las consecuencias de su conducta.

— Capacidad de relación con los demás. Constituye los recursos que tiene una persona para relacionarse con los demás, como por ejemplo tolerancia, capacidad de comunicación, saber trabajar en equipo, etc.

— Otras. En el caso de mandos intermedios y superiores, además de estas características podemos señalar como importantes la capacidad de liderazgo, la capacidad de comunicación y los recursos para resolver conflictos entre personas.

A la vista de estas características, podemos decir que una empresa formada por personas con sólidos valores personales, responsables y con capacidad de relacionarse positivamente con los demás, tendrá, como resultado de la suma de esas características individuales, una personalidad empresarial sana, mientras que en la medida en que impida, o incluso sancione, en sus empleados los valores propios, la responsabilidad o las relaciones personales positivas, aumentará la probabilidad de que su personalidad sea percibida como tóxica.

Posiblemente el factor personas sea el que más sufrimiento y toxicidad nos puede contagiar dentro de una empresa. Por este motivo, la mayoría de las personas reduce la descripción del ambiente laboral a este factor. Sin embargo, es un factor que prácticamente no existirá si los otros dos se controlan y manejan correctamente por parte de la empresa.

Procedimientos de trabajo

Los procedimientos de trabajo son el conjunto de acciones y métodos con los que se organiza el esfuerzo de las personas para conseguir los objetivos que se ha marcado una empresa. Se podría decir que los procedimientos de trabajo son el *manual de instrucciones* que dice cómo utilizar las herramientas, los instrumentos de trabajo y las competencias personales y profesionales de los empleados.

Entre los procedimientos de trabajo podemos destacar: la organización y distribución del trabajo, el nivel de exigencia, la forma de gestionar equipos de personas, las herramientas disponibles, los procesos de toma de decisiones y las estrategias de solución de problemas.

La organización

La organización es el conjunto de normas y reglas que regula el comportamiento personal y profesional de las personas dentro de una empresa.

Los elementos que forman la organización, entre otros, son: la estructura jerárquica, las normas, la supervisión del respeto a las normas, el tamaño de la empresa y sus departamentos, el orden, las políticas de empresa (contratación, desarrollo profesional y sistema de recompensas) y la cultura de empresa.

Es difícil determinar el porcentaje de influencia de cada uno de los tres factores en el ambiente laboral, debido a que, como sabemos ya, el ambiente laboral es una percepción que tiene un importante componente subjetivo. Pero más allá de eso, cómo se cuiden cada uno de estos tres factores, cómo se relacionen entre sí y cómo sean percibidos por las personas es lo que constituirá lo que se conoce como ambiente o clima laboral de una empresa.

5. IMPORTANCIA DEL AMBIENTE LABORAL

«Cuando una persona ya no encuentra placer en su trabajo y trabaja solo por alcanzar sus placeres lo antes posible, entonces solo será casualidad que no se convierta en delincuente».

Theidir Ninnseb

Hemos definido qué es el ambiente laboral, pero ¿por qué es tan importante? Para una empresa, controlar el ambiente laboral es importante por la *capacidad de influencia* que tiene en el rendimiento y en el comportamiento de las personas.

Veamos un ejemplo para explicar la influencia que el ambiente puede ejercer sobre las personas. Se trata de un ejemplo muy sencillo, y en cierta medida exagerado, pero nos permitirá comprender fácilmente cómo el ambiente influye en las actitudes y comportamientos de las personas. En este ejemplo, nosotros actuaremos como la autoridad que tiene poder para organizar todos los elementos.

Imaginemos una carretera por la que circulan vehículos. Cada uno de los elementos de esta situación se corresponderá con uno de los tres factores que componen el ambiente laboral:

— Conductores. Serán el *factor personas.*

— Coches. Serán los *procedimientos de trabajo.* El estado de mantenimiento de los vehículos, la forma en que se organice a los conductores y las relaciones entre ellos serán los equivalentes de los instrumentos de trabajo, la gestión de equipos y la gestión de personas.

— Carretera. Será representativa del *factor organización.* La señalización, las normas de tráfico y el estado del pavimento serán los equivalentes de las normas, la comunicación y el sistema de organización de la empresa.

— La suma de los factores conductores, coches y carretera será el tráfico, que será nuestro equivalente metafórico del *ambiente laboral.*

Una vez definidos los elementos del ejemplo, vamos a ver cómo reaccionan las personas en dos supuestos en los que hemos combinado estos elementos de formas distintas.

Por un lado tenemos el supuesto 1, en el que hemos vigilado y controlado adecuadamente cada uno de los tres elementos (conductores, coches y carretera). Y por otra parte tenemos el supuesto 2, en el que, a propósito, hemos descuidado los elementos del tráfico y los hemos organizado siguiendo unos criterios equivocados.

Examinemos como la combinación de estos factores influye en las personas, en su estado de ánimo y en su rendimiento a la hora de conducir.

Ejemplo de ambiente laboral como tráfico.

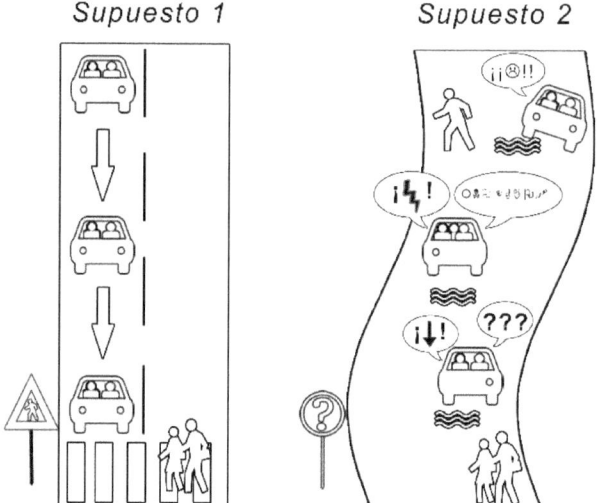

Supuesto 1

En el supuesto 1, hemos escogido a los conductores por su conocimiento del código de circulación y por su destreza conduciendo. Los hemos distribuido en los vehículos en grupos de dos personas, formando equipos con normas claras, y dejándoles claro que las decisiones las toma quien lleva el volante, por lo que ambos saben quién es el encargado de decidir en caso de dudas o conflictos.

Hemos diseñado una carretera que está en buen estado de mantenimiento, con un trazado bien definido y con líneas divisorias que se aprecian con claridad. Y hemos colocado y pintado señales claras y adecuadas para que no haya dudas sobre cómo hay que comportarse en determinadas situaciones, como por ejemplo en el caso de que unos peatones crucen la carretera.

A la vista de este supuesto, lo normal es que no se den excesivas tensiones entre los conductores, a pesar de que tengan diferentes personalidades. Aunque no tienen por qué desarrollar relaciones personales estrechas, no se producirán con facilidad fuertes conflictos entre ellos, porque no están sometidos al estrés de una organización caótica. Por eso, lo más probable es que centren su atención en conducir bien y en llegar a su destino, tal y como se les ha indicado que deben hacer.

Supuesto 2

Fijémonos ahora en el supuesto 2. Aquí hemos escogido para la tarea a personas que no conocían bien el código de circulación y que no eran conductores muy hábiles. Hemos dado la responsabilidad de conducir a los peores conductores, y les hemos dicho que deben tomar las decisiones entre todos los que van en el coche. Para complicarlo todavía más, en alguno de los vehículos hemos puesto a más de dos personas. Además, si nos fijamos en el dibujo, les hemos proporcionado algunos coches que no están en buen estado (les faltan faros).

En cuanto a la carretera, en esta ocasión hemos diseñado un trazado sinuoso y con baches, que sin duda dará problemas a nuestros poco competentes conductores. No hemos puesto ni señalización lateral ni líneas divisorias, lo que con facilidad creará confusiones, como podemos comprobar al ver como algunos de los coches circulan por el medio de la carretera o incluso por el carril del sentido contrario. Esto hace que aumente la probabilidad de problemas cuando aparecen peatones cruzando la calzada.

En este segundo supuesto, las personas tienen muchos motivos para estar estresadas: algunas están enfadadas porque creen que los coches y la carretera deberían estar en mejores condiciones, otras se sienten maltratadas porque consideran injusto que no se las haya elegido como conductoras, algunas de las que conducen están tensas porque perciben el enfado de las demás, y otras sencillamente han acabado por desmotivarse al ver tanta desorganización.

En esta situación, es normal que surjan fácilmente conflictos y tensiones entre las personas, que les hagan discutir entre ellas, aun por cuestiones ajenas a la tarea encomendada, y como consecuencia presten menos atención a conducir. En caso de que haya un accidente, sabiendo que no se les han facilitado las condiciones adecuadas y por causa de las tensiones personales, algunas no verán justo asumir su responsabilidad en el accidente, con lo que es probable que se echen las culpas unas a otras, o incluso traten de aprovechar lo ocurrido para conseguir en la próxima ocasión el puesto de conductor que les negamos al formar los equipos. Es decir, que en una situación de este tipo es muy probable que las personas acaben desarrollando actitudes tóxicas.

Este es un ejemplo que, aunque muy sencillo, nos permite ver cómo, en cualquier tarea, la forma en que se combinen personas, procedimientos y organización influirá directamente en la actitud y estado de ánimo de las personas, en su comportamiento y en su rendimiento.

No importa el sector de negocio al que se dedique una empresa, lo cierto es que las empresas están formadas por personas. Las personas y las variables que les afectan son iguales en todas las empresas. Si una empresa no cuida un mínimo estos factores, el desempeño profesional de sus empleados se resentirá y bajará, lo que influirá en la productividad y competitividad de la empresa, y como consecuencia en sus beneficios económicos. Las mismas reglas rigen para equipos de fútbol, bancos, empresas de taxis, instituciones públicas, hospitales, supermercados o partidos políticos, entre muchos otros ejemplos posibles.

Que en el presente no seamos conscientes de los problemas que causa un ambiente laboral mal construido no quiere decir que a muy corto plazo no empecemos a verlos, y que los problemas derivados de un mal ambiente laboral no acaben siendo una de las causas más determinantes en la pérdida de beneficios y posterior quiebra de una empresa. Aunque el fin de cualquier empresa sea ganar dinero, hay unos instrumentos y unas reglas que debe saber manejar para que las personas funcionen con un grado de eficacia aceptable que permita a la empresa alcanzar sus objetivos y mantenerse en el tiempo.

El ambiente laboral es de gran importancia porque influye en cómo se sienten las personas dentro de una empresa, y sus sentimientos determinan sus actitudes y sus comportamientos. De sus actitudes y comportamientos dependerá la forma en la que trabajen, tanto en cantidad como en calidad, cómo se relacionen entre ellas y el grado en que se impliquen en su trabajo, por lo que el ambiente laboral influye, y mucho, en los resultados económicos de la empresa.

Que una empresa cuide el ambiente laboral no quiere decir que todos los trabajadores acudan cada día al trabajo con una sonrisa, que estén alegres todo el tiempo y que se lleven todos muy bien. Cuidando el ambiente laboral muchas empresas consiguen evitar o reducir el número de conflictos entre personas, por lo que, a veces, los beneficios de cuidar el ambiente son invisibles. Se sabe que se cuida no por lo que vemos, sino por lo que no vemos (conflictos entre personas, procedimientos de trabajo inútiles o políticas de empresa equivocadas).

Una cadena siempre será tan débil como el más débil de sus eslabones. No importa lo fuerte que sean los otros, en una situación de tensión, la cadena siempre se romperá por el eslabón más débil. Por este motivo es necesario que las empresas presten la debida atención al ambiente laboral. Si no lo hacen y dejan que el ambiente se convierta en su eslabón más débil, en situaciones de tensión como puede ser trabajar bajo presión, por plazos, hacer frente a la competencia, lidiar con dificultades económicas, gestionar conflictos internos o cualquier otro tipo de situaciones problemáticas, la cadena siempre se romperá por el eslabón del ambiente laboral, lo que significará que cualquier situación de tensión se puede acabar traduciendo en conflictos entre personas.

Sin embargo, en un ambiente laboral bien construido se soportarán mucho mejor las constantes presiones a las que, con frecuencia, se ve sometida una empresa en el difícil, competitivo y complicado mundo laboral de nuestros días.

6. LA SATISFACCIÓN LABORAL

«¡Dejadme escapar de la mentirosa y criminal ilusión de la felicidad! Dadme trabajo, cansancio, dolor y entusiasmo».

George Sand

La satisfacción laboral no es lo que determina que un ambiente laboral sea tóxico. El grado de satisfacción laboral de una persona, si bien puede influir en la toxicidad del ambiente, no determina que lo sea. De todas formas, creo necesario hablar brevemente sobre la satisfacción laboral antes de entrar a fondo en el desarrollo del concepto de ambiente laboral tóxico.

Hemos visto qué es el ambiente laboral y la importancia que tiene en las actitudes de las personas. Las investigaciones sobre *clima* laboral nos dicen que el ambiente laboral es importante porque influye en el nivel de satisfacción laboral de las personas, y ésta, a su vez, influye en el rendimiento. La satisfacción laboral es definida como el grado en que una persona valora, ve atendidas sus necesidades y se siente realizada trabajando en una empresa.

Es una variable importante porque, como ya hemos apuntado, la satisfacción laboral se traduce en sentimientos, y los sentimientos se acaban expresando por medio de actitudes, que a su vez se transforman en conductas, muchas de ellas conductas de desempeño profesional o de relación con otras personas. Así pues, el ambiente laboral influye en la satisfacción laboral y ésta determina cómo y cuánto trabajan las personas.

Algunas de las conductas que se pueden ver afectadas por el grado de satisfacción laboral son la productividad, el absentismo laboral, los procesos de toma de decisiones, el grado de asunción de responsabilidades y las relaciones con compañeros.

Pero si bien la satisfacción laboral influye en el rendimiento, no siempre que haya poca satisfacción laboral habrá toxicidad en el ambiente de una empresa. Una persona puede estar insatisfecha en su trabajo, pero no por eso considerar que trabaja en un ambiente tóxico. Por ejemplo, una persona puede tener un trabajo que está por debajo de sus capacidades profesionales, o un sueldo bajo, o compañeros con los que no tenga una gran relación y por esos motivos podrá estar insatisfecha con su empleo, pero no necesariamente le harán percibir que trabaja en un ambiente tóxico.

Entonces, ¿qué es exactamente un ambiente laboral tóxico? ¿Cuándo las personas, los procedimientos de trabajo y la organización de una empresa se vuelven tóxicos? Antes de responder, es necesario explicar dos conceptos clave que nos ayudarán a entender mejor la respuesta a esas preguntas. Estos conceptos son *la integridad personal* y *los derechos personales*.

7. LA INTEGRIDAD PERSONAL

«Lo peor que puede pasarle a una persona es llegar a pensar mal de sí misma».

Goethe

«Mientras el tigre no puede dejar de ser tigre, no puede destigrarse, el ser humano vive en riesgo permanente de deshumanizarse».

José Ortega y Gasset

La personalidad humana es el conjunto de características que define a una persona. Simplificando, podemos decir que nuestra personalidad es lo que conocemos como *yo*. Una persona será más íntegra cuanto más actúe de acuerdo a su personalidad, y será poco íntegra cuando actúe al contrario de como realmente es. Podemos pues definir la integridad de una persona como la *consistencia de su personalidad*, como el pegamento que une cada una de las características de su personalidad, convirtiendo la unión de esas características en el *yo*, en quién es realmente.

En una empresa, una persona comenzará a percibir el ambiente laboral como tóxico cuando empiece a pensar que todos o algunos de los factores que componen el ambiente laboral (personas, procedimientos de trabajo y organización) comienzan a *atacar* a su personalidad. A nivel psicológico, estos ataques será percibidos como intentos de debilitar su integridad, y por tanto, como amenazas que pueden acabar *desintegrando* su personalidad, su yo. En cuanto perciba esto, comenzará a reaccionar con diferentes actitudes cuyo objetivo será rechazar estos ataques. Algunas de estas actitudes serán para evitarlos y otras para hacerles frente: sumisión, agresividad, falsedad, reafirmación de sus valores u hostilidad, por ejemplo (en el apartado *Los factores tóxicos*, veremos parte del abanico de actitudes que muestran las personas en un ambiente laboral tóxico).

Llegados a este punto, al lector le puede parecer complicado, si no imposible, que una empresa sea capaz de no atacar, aun sin intención, la integridad de una persona. Debido a la amplia variedad de personalidades humanas, con diferentes complejidades y matices, puede parecer inevitable que en el duro mundo laboral no se hiera la sensibilidad de alguien, y puede por lo tanto pensarse que requeriría demasiados esfuerzos tener en cuenta los gustos, opiniones y valores de cada uno. Sin embargo, a pesar de que es normal que el lector piense de esta manera, nada hay más lejos de la realidad.

En una empresa, lo normal es que ninguna persona vea atacada su integridad en situaciones como pueden ser llevarle la contraria en sus opiniones, imponerle ciertos deberes o incluso cometer una injusticia que le afecte. De la misma forma, lo normal es que tampoco nadie vea atacada su integridad si se le cambia de puesto de trabajo, se cambian las tareas que tiene asignadas o incluso si se le despide. Si bien es cierto que todas estas situaciones pueden causar a cualquier persona insatisfacción en diferentes grados y emociones como enfado o tristeza, no por eso alguien percibirá o calificará el ambiente laboral como tóxico. Aunque a nadie le guste que una empresa le ponga en ese tipo de situaciones, la mayoría de nosotros acabará aceptando, en mayor o menor grado, esas decisiones.

Sin embargo, hay unos aspectos clave, que son comunes a todas las personas, que, si una empresa no tiene en cuenta y no respeta, harán que las personas comiencen a percibir el ambiente laboral como tóxico. Y cuanto más tiempo sigan sin tenerse en cuenta esos aspectos clave, más aumentará la toxicidad percibida por las personas. Estos aspectos clave son los *derechos personales*.

En la medida en que alguien sienta vulnerados estos derechos por parte de otras personas, por parte de los procedimientos de trabajo o por parte de la organización, es cuando podremos empezar a hablar de un ambiente laboral como tóxico.

Esta toxicidad empezará a generar actitudes y conductas de defensa en las personas. Estas actitudes y conductas pueden acabar resultando tóxicas para otras personas, lo que hará que la toxicidad se contagie y se propague con rapidez. Y en la medida en que más personas se contagien, más generalizada será la percepción de que se trabaja en un ambiente laboral tóxico. Y cuanto más generalizada, más real será.

8. DERECHOS PERSONALES EN LA EMPRESA

«Aléjate de aquellos que intentan menospreciar tus ambiciones. Gente pequeña siempre lo hace, pero los verdaderamente magníficos te hacen sentir que, tú también, puedes ser magnífico».

Mark Twain

Se puede decir que existen tres tipos de derechos para las personas: los derechos humanos, los derechos laborales y los derechos personales. Los dos primeros tipos de derechos, los humanos y los laborales, son más o menos conocidos por la práctica totalidad de todos nosotros. Aunque no los conozcamos literalmente sí sabemos de su existencia. Para que sean respetados, existe legislación que los protege, por lo que infringirlos está penado y sancionado por las leyes.

Sin embargo, no muchas personas son conscientes de que existe un tercer tipo de derechos, los derechos personales, que deberían ser respetados en cualquier situación. Aunque no sea plenamente consciente de ellos, si una persona percibe que estos derechos están siendo vulnerados, reaccionará con disgusto, sufrimiento, desmotivación, actitudes tóxicas e incluso puede llegar a mostrar hostilidad o agresividad.

Esto es aplicable a las empresas: si una persona no ve respetados sus derechos personales en su empresa, sea consciente o no de ellos, reaccionará con diferentes actitudes para salvaguardarlos. En la carta de Greg Smith que mencionábamos en el primer capítulo, este decía que *«su conciencia no le permitía seguir trabajando en un entorno laboral como aquel»*, lo que probablemente constituye una muestra de que había sentido que uno o varios de sus derechos personales estaban siendo atacados por el ambiente laboral. Su reacción defensivo-agresiva última fue presentar su dimisión.

Al no estar generalizado el conocimiento de los derechos personales, ni personas ni empresas los conocen, por lo que muchas veces no se toma conciencia de que se están vulnerando y tampoco de cuáles son las consecuencias que eso provocará. Para este tercer tipo de derechos no existe legislación que los proteja, por lo que respetarlos es, por parte tanto de una persona como de una empresa, una cuestión de valores.

Veamos cuáles son estos derechos personales aplicados a la empresa.

Derechos personales en la empresa[4]

1. Derecho a ser tratado con respeto.
2. Derecho a ser tratado con educación.
3. Derecho a que no se atente contra nuestra dignidad.
4. Derecho a tener valores propios.
5. Derecho a comportarse de una forma ética.
6. Derecho a pensar por uno mismo.
7. Derecho a expresar opiniones.
8. Derecho a que se nos informe de situaciones que nos afectan.
9. Derecho a que se nos diga la verdad.
10. Derecho a ser escuchados.
11. Derecho a no saber hacer algo y preguntar.
12. Derecho a disponer del tiempo necesario para hacer lo que se nos pide.

---

[4] Estos derechos están inspirados en los derechos humanos básicos que aparecen en el libro de Vicente E. Caballo, *Manual de evaluación y entrenamiento de las habilidades sociales* (2007; Madrid: Siglo XXI), en los derechos personales en una entrevista de trabajo que se citan en el libro de Arthur J. Lange y Patricia Jakubowski, *Responsible assertive behavior. Cognitive/behavioral procedures for trainers* (1976; Champaign, Illinois: Research Press) y en comentarios y opiniones expresadas por personas que trabajaban en ambientes laborales tóxicos, además de en percepciones y opiniones propias.

13. Derecho a equivocarse.
14. Derecho a que se nos trate igual que a los demás.
15. Derecho a que se nos exija en función de los medios disponibles.
16. Derecho a que no se nos exija por encima de nuestras capacidades.
17. Derecho a querer mejorar profesionalmente.
18. Derecho a tener problemas personales.
19. Derecho a la intimidad de nuestra vida privada.
20. Derecho a disponer de nuestro tiempo libre como queramos.

Estos son los derechos personales que todos tenemos en un trabajo. Son comunes a todas las personas, así que independientemente de las características que tenga cada individuo, todos los compartimos, por lo que si los vemos atacados, reaccionaremos para defenderlos.

Es importante no malinterpretar estos derechos y confundirlos con comportamientos que pueden suponer un menoscabo a la autoridad o a la jerarquía de la empresa. Ninguno de ellos, bien entendido, pondrá en riesgo ni la productividad, ni la disciplina, ni la *tensión productiva*[5] que debe haber en una empresa. Más bien al contrario, no respetarlos es lo que realmente pone en peligro el funcionamiento de una empresa.

Los derechos personales son aplicables a todas las personas que trabajan en una empresa, sin distinción de cargo. Una persona que ocupe un cargo importante, que posiblemente por su puesto estará más en boca de los demás, tiene también, por citar algunos, derecho a su intimidad, derecho a equivocarse o derecho a tener problemas personales.

---

[5] Podemos definir la tensión productiva como el nivel de tensión necesario para que las personas se vean impulsadas a trabajar con eficacia. La tensión productiva es una variable que se puede manejar con instrumentos como las recompensas, los incentivos, las normas y las posibilidades de desarrollo profesional, entre otros. Estos instrumentos siempre han de ser de carácter positivo. No se debe crear tensión productiva basada en amenazas, castigos o normas injustas, porque vulneran los derechos personales.

Es necesario decir que estos derechos no se deben interpretar con mala intención y tratar de usar alguno de ellos con un exceso de libertad. Por eso hay que tener presente que junto a los derechos existen también unos deberes. No podemos tener unos sin los otros, y cumplir los segundos nos dará fuerza moral para exigir los primeros.

A continuación están algunos de los deberes que todos tenemos en una empresa. Son más que los derechos, ya que el primer deber consiste en respetar los veinte derechos personales que hemos señalado antes.

Deberes en el ámbito laboral

1. Deber de respetar los derechos personales de los demás.
2. Deber de cumplir las normas de la empresa.
3. Deber de hacer el trabajo para el que se nos contrata.
4. Deber de respetar la jerarquía y las decisiones que se tomen.
5. Deber de hacer el trabajo lo mejor que podamos.
6. Deber de tratar de entender las políticas de empresa.
7. Deber de mantener cierto grado de compromiso con la empresa.
8. Deber de aceptar la formación que imparte la empresa.
9. Deber de comportarse profesionalmente de una forma ética.
10. Deber de reconocer los errores propios.
11. Deber de actuar con profesionalidad.
12. Deber de confidencialidad sobre cuestiones profesionales y de empresa.
13. Deber de utilizar los canales que pone la empresa para informar de problemas de ambiente laboral.
14. Deber de mantener la disciplina establecida por la empresa.

Es inevitable, como pasa en la sociedad, que en ocasiones entre algunos derechos y deberes se produzcan tensiones, y que a veces, algunas de esas tensiones se traduzcan en conflictos. No hay por qué asustarse, esto es normal. En casos así, debemos utilizar nuestros recursos personales y los canales que la empresa pone a nuestra disposición para tratar de resolver esos conflictos, sin permitir que se conviertan en malos entendidos permanentes que acaben en luchas que perjudicarán tanto a la persona como a la empresa.

Las empresas son un reflejo de la sociedad en la que están instaladas, así que aun con las mejores intenciones, nadie está libre de las tensiones y los conflictos. Lo importante es que personas y empresas no generen conflictos por desconocimiento de cómo manejar los factores que componen el ambiente laboral.

Cuando no se manejan bien esos factores es cuando empieza a aparecer el riesgo de que el ambiente laboral se convierta en tóxico.

PARTE II:
HISTORIA DE UN DESPIDO

9. HISTORIA DE UN DESPIDO

«Homo homini lupus».
(El hombre es un lobo para el hombre)
Aforismo latino

Cuando lo conocí, X. era una persona joven, de unos treinta años, que empezaba una nueva etapa de su vida profesional incorporándose ilusionado a una empresa. Lo que X. no sabía era que esa empresa tenía un ambiente laboral de elevada toxicidad.

Pasadas unas pocas semanas desde su incorporación, de las tres personas más próximas a él en su puesto de trabajo, dos le habían retirado la palabra por manifestar opiniones sobre temas generales sin importancia totalmente ajenos a cuestiones laborales. No se dirigían a él más que cuando por asuntos relacionados con el trabajo no les quedaba otra opción, y aun en ese caso utilizaban frases cortas y un tono frío e impersonal. Era raro el día en que le saludaban cuando llegaba al trabajo.

La tercera persona cercana a X. no tenía ninguna predisposición en su contra, pero X. empezó a percibir hostilidad en todos sus compañeros. Acabó por interpretar cualquier gesto como un signo hostil, hasta el punto de que un día optó por dejar de aceptar con resignación el ambiente tóxico en el que se veía obligado a trabajar, y pasó a tomar la iniciativa. Malinterpretando un gesto sin mala intención por parte de ese tercer compañero, decidió ser él quien dejara de hablarle, quedándose así prácticamente sin nadie con quien mantener una relación laboral normal. Aunque finalmente ambos aclararon el malentendido y volvieron a entablar una relación cordial, este era ya un claro síntoma de que X. comenzaba a ser víctima de la toxicidad del ambiente.

Los superiores de X., a pesar de que eran plenamente conscientes de los problemas del nuevo empleado, no actuaron y dejaron pasar el tiempo sin tomar ninguna medida. Meses más tarde, decidieron cambiarlo de departamento para ver si allí se adaptaba mejor. X. aceptó la decisión con disciplina, pero ignoraba que el resto de los departamentos también estaban contagiados por la toxicidad.

Un año más tarde X. fue despedido. Se le tachó de inadaptado y persona *«que tenía sus cosas»*. Sin embargo, lo cierto es que poco importaba su capacidad de adaptación o su personalidad, era la empresa quien realmente imposibilitaba la adaptación al consentir un ambiente laboral extremadamente tóxico. Poco o nada podía haber hecho X. Desde el mismo momento en que entró en la empresa, sus probabilidades de adaptarse con éxito eran escasas, y aun si hubiera conseguido adaptarse, habría tenido problemas constantemente debido a los elevados niveles de toxicidad laboral que había en esa empresa.

A ninguno de los compañeros o superiores de X. le fue exigida ninguna responsabilidad. Antes y después de X. otras personas pasaron por el mismo circuito tóxico.

10. AMBIENTES LABORALES TÓXICOS

«Quien con monstruos lucha cuide de convertirse a su vez en monstruo. Cuando miras largo tiempo a un abismo, el abismo también mira dentro de ti».

Friedrich Nietzsche

¿Qué es un ambiente laboral tóxico?

Un ambiente laboral tóxico es aquel en el que se atacan y vulneran de forma sistemática los derechos personales de las personas que trabajan en él. En la historia que abría esta parte del libro, sin duda X. vio continuamente vulnerados varios de sus derechos personales, entre ellos el derecho a ser tratado con respeto, el derecho a ser tratado con educación y el derecho a ser tratado con igualdad. La percepción de esos ataques acabó haciendo sentir a X. que se movía en un ambiente laboral tóxico.

Aunque él no lo definiera con estas palabras, es más que probable que tuviera la sensación de que el ambiente laboral era hostil hacia la integridad de su personalidad.

El ambiente laboral no pasa de ser sano a tóxico de un día para otro. Por ejemplo, porque una empresa organice un evento al que quiera que sus empleados asistan, estos no verán atacados sus derechos personales. Las personas ven atacados sus derechos personales cuando se produce un ataque continuo y constante, día tras día, debido a las actitudes de otras personas, a los procedimientos de trabajo o a las normas de organización. Si estos tres factores se manejan mal por parte de la empresa, habrá un límite a partir del cual las personas comenzarán a percibir el ambiente laboral como hostil, porque no les permite expresar con normalidad su personalidad.

Una empresa con un ambiente laboral tóxico no deja espacio suficiente para que las personalidades de sus empleados se expresen, y no sabe marcar los límites para que la expresión de algunas personalidades, en forma de actitudes tóxicas, no choque con otras personalidades distintas.

El ambiente laboral es una percepción subjetiva, es decir, que no se percibe igual por todas las personas. Debemos tener en cuenta también que esta percepción, como tantas otras en la vida, es susceptible de ir evolucionando y cambiando con el paso del tiempo. Una persona puede haberse adaptado muy bien a un ambiente tóxico, y sobrevivir sin excesivo desgaste durante mucho tiempo, pero en cualquier momento puede caer en una de las *trampas tóxicas* del ambiente, y acabar contagiada por la toxicidad, sufriendo así un cambio en su percepción.

También hay que tener presente que siendo el ambiente laboral la expresión de la personalidad de una empresa, esta personalidad, como la humana, está en constante cambio.

Sin embargo, a pesar de las diferentes percepciones individuales, a partir de cierto nivel de toxicidad una mayoría de las personas que trabajan en una empresa estarán de acuerdo en que el ambiente es tóxico, si bien puede haber diferentes opiniones acerca de cuál es su nivel de toxicidad y qué es lo que resulta tóxico para cada una de ellas.

Hemos dicho que lo que hace tóxico un ambiente laboral es la vulneración sistemática de los derechos personales, así que vamos a ver a continuación en qué medida se ve afectado cada uno de los derechos personales en la empresa por los tres factores que componen el ambiente laboral. Como el ambiente laboral es una percepción subjetiva, señalaré para cada derecho el factor por el considero que es más probable que se vea afectado.

Tal vez algunos lectores puedan matizar esta clasificación en función de su propia percepción, pero, desde un punto de vista profesional, creo que es suficientemente útil como para constituir un elemento de conocimiento y comprensión que proporcionará una mejor perspectiva acerca de los ambientes laborales.

En la siguiente tabla pongo los derechos personales en la columna de la izquierda y los factores del ambiente laboral en la fila superior. Iré marcando cuál es el factor o factores que con más probabilidad puede afectar a cada derecho. Recordemos que se generará toxicidad cuando la vulneración del derecho se mantenga en el tiempo.

Derechos personales afectados por el ambiente laboral.

DERECHOS PERSONALES	FACTORES DEL AMBIENTE LABORAL		
	Personas	Procedimientos	Organización
1. Ser tratado con respeto.	X		
2. Ser tratado con educación.	X		
3. Que no se atente contra nuestra dignidad.	X		
4. Tener valores propios.			X
5. Comportarse de forma ética.		X	
6. Pensar por uno mismo.			X
7. Expresar opiniones.			X
8. Ser informados de lo que nos afecte.			X
9. Que se nos diga la verdad.			X
10. Ser escuchado.			X
11. Preguntar lo que no se sabe.	X		
12. Tener tiempo para hacer las tareas.	X	X	
13. Equivocarse sin ser culpabilizado.	X		X
14. Ser tratado con igualdad.	X		X

15. Exigencia según medios.		X	
16. Exigencia según capacidades.		X	
17. Querer mejorar profesionalmente.			X
18. Tener problemas personales.	X		X
19. Intimidad de vida privada.	X		X
20. Disponer del tiempo libre.	X		X

Desarrollemos con más de detalle lo expuesto en la tabla:

Derechos 1º, 2º y 3º. Derecho a ser tratado con respeto, educación y dignidad. Estos derechos son normalmente incumplidos por las personas antes que por los procedimientos de trabajo o la organización. Son los compañeros, por la forma en que nos tratan, los que pueden vulnerarlos. Debido a lo básicos que son, sentir que alguno de estos tres derechos está siendo atacado supone una alerta inmediata para proteger nuestra integridad. Sentir una sola vez que son atacados basta para que nos quede una huella permanente. Son los derechos más fundamentales, psicológicamente hablando, de cualquier persona.

Derecho 4º. Derecho a tener valores propios. Es la organización quien tiene más probabilidad de vulnerar este derecho según el tipo de normas y cultura empresarial que tenga. Si la organización lo vulnera, será percibido por la persona como un ataque a su forma de ver el mundo. Por ejemplo, un periódico que no respete la ideología política de uno de sus empleados porque sea contraria a su línea editorial, es un claro ejemplo de incumplimiento de este derecho.

Derecho 5º. Derecho a comportarse de una forma ética. En este caso, son los procedimientos de trabajo los que pueden chocar con la ética de una persona. Un procedimiento ilegal o amoral, en el que haya que mentir o falsear la realidad, vulnerará este derecho y ocasionará un profundo malestar personal.

Si se da de forma continuada en el tiempo, incluso puede acabar por influir tanto en la persona que esta no sea capaz de distinguir qué es lo correcto y lo que no, alterando sus principios y sintiéndose, a un nivel más o menos consciente, culpable por ello. Se habrá contagiado de la toxicidad del procedimiento.

Derechos 6°, 7°, 8°, 9° y 10°. Derecho a pensar por uno mismo, a expresar opiniones, a que se nos informe sobre situaciones que nos afecten, a que se nos diga la verdad y a ser escuchados. Estos derechos son susceptibles de ser atacados con más probabilidad por la organización. Una empresa que no permita que cada uno piense por sí mismo, exprese sus opiniones sobre cualquier tema y que no escuche a sus empleados será una empresa en donde no haya nuevas ideas y aportaciones, y en donde los conflictos entre personas, al no ser contados o escuchados, se convertirán en problemas crónicos que se arrastrarán durante años como pesadas cargas. Será una empresa inmóvil, sin capacidad de adaptarse al paso del tiempo y que creará el caldo de cultivo perfecto para que aparezca la toxicidad.

Por otra parte, si una persona es consciente de que no se le informará sobre las situaciones que le afecten directamente y de que tampoco se le escuchará para conocer su punto de vista, sencillamente no confiará en su empresa, por lo que sus niveles de compromiso e implicación serán, con toda probabilidad, muy bajos.

Derecho 11°. Derecho a no saber hacer algo y preguntar. Las personas, con su actitud poco comprensiva, constituyen el factor que nos puede hacer sentir que no se respeta nuestro derecho a no saber hacer algo y a preguntar.

En una empresa que fomente que este derecho no se respete, no habrá una comunicación efectiva, lo que hará muy difícil que se transmitan los conocimientos y que se mejoren los procedimientos de trabajo. Las personas, antes de reconocer que no saben hacer algo, preferirán correr el riesgo de hacerlo mal, con la pérdida de calidad en la producción que eso supondrá.

Derecho 12°. Derecho a disponer del tiempo necesario para hacer lo que se nos pide. Son dos los factores que pueden vulnerar con más probabilidad este derecho: los procedimientos de trabajo y las personas. Los procedimientos de trabajo que estén mal diseñados en cuanto a tiempo de realización harán que las personas trabajen con prisa, lo que aumentará su nivel de estrés. Por otro lado las personas, si nos exigen más de lo que podemos hacer, serán percibidas como hostiles y como agentes generadores de estrés.

Derechos 13º y 14ª. Derecho a equivocarse y derecho a que se nos trate igual que a los demás. En estos derechos, personas y organización comparten la responsabilidad de vulnerarlos más a menudo. Una vez más, las personas, si tienen una actitud poco tolerante con el error o nos tratan de una forma distinta, en el sentido negativo, que a los demás, serán las responsables de atacar este derecho. La organización, si tiende a culpar a las personas por los errores que se produzcan, o comete claras injusticias al tratar de forma privilegiada a unos sobre otros, potenciará que aparezca y se propague la toxicidad como consecuencia de no respetar estos derechos.

Derechos 15º y 16º. Derecho a que no se nos exija ni por encima de los medios disponibles ni por encima de nuestras capacidades. Aquí son los procedimientos de trabajo que no tengan en cuenta estos derechos los que generarán insatisfacción y con el tiempo toxicidad. Si a alguien se le exige más de lo que puede hacer en función de los medios que se le proporcionan o por encima de sus capacidades, sencillamente no podrá hacerlo. Y si a eso se le suma una organización que sancione el error, se provocará que la persona perciba que se le está culpando por algo por lo que no tiene responsabilidad. Que acabe percibiendo toxicidad en los procedimientos de trabajo es la consecuencia lógica e inevitable.

Derecho 17º. Derecho a querer mejorar profesionalmente. Napoleón Bonaparte decía que «es mal soldado aquel que no aspira a ser general». No hay nada malo en que una persona demuestre ambición profesional, queriendo mejorar y ascender en una empresa. Sin embargo, una organización tóxica interpretará esto como una amenaza, tal vez porque algunas personas sientan peligrar su posición en la empresa, razón por la que se censurará o ignorará ese impulso para que se acabe extinguiendo. Una organización que adopte esta política tóxica reducirá las posibilidades de que en cada puesto estén los mejores, y desmotivará a sus empleados, que verán limitadas sus opciones de desarrollo profesional porque interpretarán que la iniciativa personal y la competencia profesional no solo no son recompensadas, sino que pueden resultar mal vistas.

Derechos 18º, 19º y 20º. Derecho a tener problemas personales, derecho a la intimidad de la vida privada y derecho a disponer de nuestro tiempo libre. La organización y las personas, ambas con su incomprensión e intolerancia si se comportan de forma tóxica, son las que con más probabilidad corren el riesgo de vulnerar estos derechos. Las personas, por extender rumores e inmiscuirse en la vida privada de otras personas, y la organización por no entender que sus empleados, además de trabajadores, son personas y tienen vidas que no pueden dejar colgadas en el perchero antes de entrar a trabajar.

Estos son los derechos personales que todos deberíamos ver respetados en nuestro trabajo y que ninguna empresa debería poder permitirse infringir. En la medida en que no se respeten, independientemente de las características de personalidad individuales y del puesto que ocupe cada uno, las personas sentirán que se está atacando su integridad, y comenzarán a percibir el ambiente laboral como tóxico. Como consecuencia, desarrollarán actitudes tóxicas para relacionarse con los demás, lo que acabará propagando la toxicidad y creando un *sistema tóxico*.

11. EL SISTEMA TÓXICO

«No es fácil dirigir a las personas; empujarlas, en cambio, es muy fácil».

Rabindranath Tagore

Una vez que la toxicidad del ambiente laboral es elevada, la empresa corre el riesgo de convertirse en una especie de sistema tóxico en donde todas las personas acaban pasando por los mismos procesos psicológicos.

En las conversaciones que he mantenido a lo largo de los años sobre ambientes laborales, el mayor porcentaje de las quejas que he escuchado venía siempre de las relaciones entre compañeros. Hay una explicación muy sencilla para que esto sea así.

En una empresa puede que haya procedimientos de trabajo que sean tóxicos, pero esos procedimientos pueden ser exclusivos de un puesto o un departamento determinado. Las personas que se vean contagiadas por la toxicidad de esos procedimientos se relacionarán con otras personas de otros puestos o departamentos distintos. En esas situaciones, serán sus actitudes insatisfechas y negativas lo que afectará a los demás: críticas continuas a la empresa o a determinadas personas, desconfianza generalizada, cinismo o envidia, por ejemplo. Estas y otras actitudes se contagiarán así a otras personas de diferentes secciones de la empresa, y éstas, a su vez, se relacionarán con otras. Finalmente, las actitudes tóxicas terminarán por ser la norma de comportamiento dentro de la empresa, lo que hará que la toxicidad se extienda cada vez más, afectando a todos los niveles y departamentos.

Si la organización no hace nada por *desactivar* los elementos tóxicos (tanto en las personas, como en los procedimientos de trabajo y en las políticas y la cultura de empresa) se creará poco a poco un sistema tóxico que irá cerrando progresivamente los caminos y las vías para que las personas expresen su personalidad con libertad. Actitudes no tóxicas acabarán por ser dejadas de lado al topar siempre con la incomprensión de los demás, y empezarán a generalizarse actitudes que las personan considerarán *«más útiles»* para sobrevivir en el ambiente tóxico. Se formará así un sistema tóxico del que todos parecerán ser víctimas y pocos podrán ser señalados como responsables[6].

La generalización de actitudes tóxicas será de tal nivel que no será necesario que los superiores estén velando constantemente porque nadie se salga del sistema, sino que serán los propios compañeros los que se encargarán de corregir cualquier desviación, censurando actitudes no tóxicas y potenciando las tóxicas. El pensamiento grupal dominará al pensamiento individual. La marginación de quien piense diferente, el aislamiento, la incomprensión y los rumores malintencionados serán la norma, por lo que cualquier persona puede convertirse en el instrumento por el que el ambiente laboral tóxico se manifieste y se perpetúe.

---

[6] En el capítulo *Responsabilidad*, trataremos sobre quienes tienen más responsabilidad en que una empresa tenga un ambiente laboral tóxico.

Una forma de comprobar que una empresa se ha convertido en un sistema tóxico es ver como diferentes personas acaban pasando una y otra vez por los mismos *circuitos tóxicos*.

12. LOS CIRCUITOS TÓXICOS

«La sociedad es en todos los sitios una conspiración contra la personalidad de cada uno de sus miembros»
Ralph Waldo Emerson

En empresas con ambientes laborales tóxicos se dan con frecuencia lo que podríamos llamar *circuitos tóxicos*. Los circuitos tóxicos son situaciones en las que una acción, sin que sea malintencionada, se puede volver en nuestra contra o ser la causa de que nos juzguen erróneamente. En un ambiente laboral tóxico, este tipo de situaciones se generalizan, y distintas personas acaban pasando por situaciones similares a lo largo del tiempo, casi de forma cíclica, hasta el punto de que se pueden casi llegar a predecir. Si analizamos estas situaciones, veremos que tienen un origen, un desarrollo y un final común, constituyendo auténticos circuitos tóxicos, en los que cualquier persona, en cualquier momento, se puede ver atrapada.

Un ejemplo de circuito tóxico que se da con frecuencia lo tenemos a la hora de que se asuman responsabilidades por errores de procedimiento. Imaginemos que una empresa diseña y pone en marcha un procedimiento de trabajo que es tóxico, no solo no da los resultados esperados, sino que causa problemas a la hora de realizar el trabajo (por ejemplo, que a unas personas que tienen que vender un producto no se les informe de las características del producto o se les informe mal). Puede que los vendedores reclamen constantemente más información sobre lo que tienen que vender, pero se toparán con las actitudes tóxicas de superiores y de la organización, que ignorarán sus demandas o creerán que ya se les ha dado la información necesaria (se vulnerarán así sus derechos a ser escuchados y a exigirles en función de los medios que se les dan).

La empresa, sin embargo, exigirá ventas, lo que aumentará la presión sobre los vendedores, que intentarán vender de cualquier forma. Si por causa de una venta se produce una reclamación de un cliente basada en que no se le ha informado correctamente de ciertas características del producto, los superiores y la propia organización empezarán un proceso de búsqueda de culpables. En ningún momento asumirán su responsabilidad al no haber escuchado las demandas de los vendedores, ni se cuestionarán los fallos y carencias de los procedimientos de trabajo (formación deficitaria o personas incompetentes en puestos clave). Finalmente, lo normal es que la culpa acabe recayendo sobre la persona que hizo la venta, porque es quien está más cerca de la situación que provocó la queja. Al vendedor en cuestión se le reprenderá y se le colgará una etiqueta de *«poco válido»* o *«mal vendedor»*. Nada de lo que diga en su defensa será realmente escuchado.

Sin embargo, es muy posible que si tuviéramos la ocasión de que quienes culpabilizan al vendedor nos dijeran lo que realmente piensan, comprobáramos con sorpresa que están totalmente de acuerdo con los argumentos con los que se defiende el vendedor, pero en un entorno de trabajo tóxico nadie reconocerá los fallos de procedimiento por miedo a ser mal visto por la empresa. Así, se creará una falsa realidad que el sistema tratará de imponer al que señale como culpable.

Solo podemos imaginar las consecuencias psicológicas que todo esto tendrá en el vendedor, que ha intentado realizar su trabajo aun en condiciones inadecuadas, haciendo un esfuerzo mayor del exigible y que se ha visto castigado por ello: desmotivación, desconfianza generalizada, percepción de la inutilidad del esfuerzo, aislamiento, apatía o cinismo, serán solo algunas de las actitudes que acabará desarrollando. Habrá caído en un circuito tóxico. De una forma o de otra, acabará por entender y aceptar las reglas de los circuitos tóxicos y la próxima vez contendrá su esfuerzo o lo rebajará al mínimo para que no se le culpe de nada. Es también muy probable que acabe contagiando toxicidad a los demás por medio de sus actitudes.

Con el paso del tiempo, este vendedor verá a otras personas caer en el mismo circuito tóxico, y comprobará cómo se reproduce exactamente la misma situación, una y otra vez, con los mismos efectos y las mismas consecuencias, reforzando así su convencimiento de que las actitudes tóxicas son la mejor forma de sobrevivir en ese ambiente.

Este ejemplo estaba basado en los procedimientos de trabajo, pero hay otros tipos posibles de circuitos tóxicos que, en lugar de en los procedimientos, estarán basados en las personas (compañeros con los que es muy difícil el trato y que siempre producen los mismos efectos en los demás), o en la organización (normas que nadie entiende y que provocan en todos el mismo desconcierto y los mismos sentimientos de indefensión).

Un ejemplo claro de circuito tóxico basado en las personas está en la historia que marca el comienzo de la segunda parte del libro. Las personas que retiraron la palabra a X., al no ser sancionadas por su actitud tóxica, provocaban continuamente este tipo de situaciones, que hacían que otros compañeros se vieran contagiados por la toxicidad de sus actitudes, lo que a su vez derivaba en una retorcida valoración de la empresa acerca de la capacidad de adaptación y de trabajo en equipo de la gente. Sin embargo, realmente era la empresa, al no poner fin a ese tipo de actitudes, quien las propiciaba.

Una empresa con un ambiente laboral tóxico tendrá este tipo de circuitos en toda su organización, que funcionarán a modo de trampas en las que las personas, tarde o temprano, acabarán irremisiblemente cayendo.

13. LA CULTURA DEL ERROR

«He ofendido a Dios y a la humanidad porque mi trabajo no tuvo la calidad que debía haber tenido».
Leonardo Da Vinci

«Convertid un árbol en leña y podrá arder para vosotros; pero ya no producirá flores ni frutos».
Rabindranath Tagore

El ejemplo de circuito tóxico que hemos visto en el apartado anterior nos lleva a una característica de las empresas con ambientes tóxicos en la que merece la pena pararse antes de empezar con el análisis de la toxicidad laboral.

Uno de los tres factores que componen el ambiente laboral es la organización. Hemos dicho que la organización es el conjunto de normas y reglas que regulan el comportamiento personal y profesional de las personas dentro de una empresa. Como elementos de la organización hemos citado la estructura jerárquica, las normas, las políticas empresariales y la cultura de empresa.

Entre estos elementos, hay uno, la cultura de empresa, que tiene gran importancia en el ambiente laboral. La cultura de empresa es el conjunto de valores que la empresa trata de transmitir a las personas. Es la forma que la empresa tiene de decirles a sus empleados cómo le gustaría que pensaran y actuaran.

Hay un tipo de cultura de empresa, muy extendida, que contribuye especialmente a que las personas perciban el ambiente laboral como tóxico. Es la llamada *cultura del error*.

En una empresa en la que predomine la cultura del error, dará la sensación de que equivocarse es imperdonable y que quien cometa un fallo será castigado. Un sólo error puede cambiar la percepción que empresa y compañeros tengan de un trabajador. Cuando alguien tiene un fallo hay una sensación generalizada de catástrofe y de que urgentemente hay que encontrar un culpable que pague por el error.

Empresas con este tipo de cultura no aceptan su responsabilidad en los errores de sus empleados. Aunque un error se puede deber a fallos en la formación, poca claridad en las instrucciones, procedimientos equivocados u otras causas ajenas a una persona, la empresa no hará autocrítica y no reconocerá su parte de responsabilidad. Siempre culpará a las personas de los errores que cometan, y como consecuencia habrá una sensación generalizada de miedo, que provocará que todo el mundo intente evitar u ocultar los errores como sea. Nadie se atreverá a proponer nuevas ideas por temor a que si no funcionan se le acabe culpando. A la larga, esto resultará fatídico para la empresa, porque no innovará y no habrá sabido sacar partido del potencial y talento de sus empleados.

En una empresa con una fuerte cultura del error, cuanto menos tiempo lleve una persona trabajando en ella, menos se le perdonarán los errores, lo que es muy paradójico porque precisamente es al principio, cuando una persona se está adaptando, cuando es más probable que pueda cometer errores, tanto por desconocimiento de los procedimientos y normas como por estar todavía tomando contacto con la empresa, los compañeros y el trabajo.

¿De dónde proviene esta cultura del error?, ¿por qué ha arraigado en las empresas? Si miramos un poco hacia atrás en la historia, podemos encontrar una buena explicación, que nos hará ver lo desfasado que está este tipo de cultura para los tiempos y métodos de trabajo actuales.

Un poco de historia[7]

La cultura del error es parte de un estilo autoritario de dirección empresarial. Muchos directivos y mandos intermedios tienen un estilo de dirección de personas basado en el autoritarismo porque no han sido lo suficientemente preparados para dirigir personas, y suelen usar los métodos que han visto a otros o que creen que funcionarán. Sin embargo, no saben realmente de donde viene ese estilo autoritario.

El estilo autoritario en la dirección de personas en el trabajo empezó a usarse durante la Revolución Industrial. La Revolución Industrial comenzó en la segunda mitad del siglo XVIII en Gran Bretaña, extendiéndose después al resto de Europa y sentando las bases de nuestras actuales sociedades industriales.

Durante la Revolución Industrial fue cuando comenzaron a crearse las primeras industrias y por lo tanto los primeros métodos de producción en serie, que trataban de optimizar la mano de obra y los procedimientos de trabajo para conseguir el máximo rendimiento posible.

Hasta entonces, Europa arrastraba todavía el estilo de vida de la época feudal. El feudalismo se había terminado alrededor del siglo XV, pero su influencia en la organización de la sociedad todavía se dejaba notar con fuerza.

En las sociedades feudales, las tierras estaban controladas por los *señores feudales*, y los agricultores las trabajan manualmente y con la ayuda de animales. La gran mayoría de los agricultores no había

---

[7] La reflexión sobre el estilo autoritario de dirección que expongo en este apartado está basada en el libro de Di Kamp, *Marcando las diferencias. Las habilidades directivas clave para el siglo XXI* (2004; Barcelona: Gestión 2000).

tenido acceso a la educación, y los señores feudales eran la máxima autoridad en sus tierras, por lo que generalmente gobernaban con *autoritarismo*. Su palabra era ley. Lejos quedaban ya la democracia griega o el Imperio Romano y sus avances en leyes, comunicaciones o formas de gobierno. Desde la caída del Imperio Romano, Europa se había sumido en unos siglos de oscuridad[8].

Cuando llegó la Revolución Industrial, se adoptó el autoritarismo para dirigir a los trabajadores porque era la única forma que se conocía para dirigir personas. Así que cuando las sociedades industriales comenzaron a desarrollarse y el trabajo comenzó a organizarse (salarios, jornadas laborales, métodos de producción, tecnología y trabajadores), el estilo que se utilizó era el basado en el autoritarismo. Puede que incluso los propios trabajadores aceptaran en parte este estilo de dirección, ya que al fin y al cabo era un reflejo de lo que habían conocido sus ascendientes. Por fortuna, poco a poco, el estilo autoritario fue suavizándose, debido a que los trabajadores comenzaron a asociarse y también debido a iniciativas particulares de algunos empresarios.

Pero, de forma general, podemos decir que no fue hasta después de la Segunda Guerra Mundial, (los años cincuenta del siglo XX), que no se empezó a mostrar más preocupación por maneras más eficaces de dirigir a las personas en el trabajo.

Unas cuantas décadas no es mucho comparado con costumbres que han durado siglos, así que, históricamente hablando, no ha habido demasiado tiempo todavía para que muchas empresas hayan asumido nuevas formas de dirección y de trato a las personas. Es cierto que el autoritarismo ha quedado atrás y que nada tienen que ver las empresas de ahora con las de la Revolución Industrial, pero es cierto también que muchas empresas, directivos, mandos intermedios y profesionales de los recursos humanos no conocen todavía las alternativas de las que disponen para controlar el ambiente laboral. Saben que no pueden utilizar un autoritarismo que ya ha quedado desfasado, pero no tienen claro qué otras

---

[8] Entre los siglos XV y XVI, durante el Renacimiento, se recuperó parte del anhelo por innovar y comprender el mundo, pero estos nuevos aires afectaron más a las artes que a la organización social.

opciones hay, o si las conocen no tienen claro cómo llevarlas a la práctica, así que, en caso de duda, muchas veces recurren a estilos con ciertas reminiscencias del estilo autoritario, que se traducen en una cultura del error. Esta cultura del error se transmite, de forma más o menos explícita, en los valores que una empresa fomenta en sus empleados, y acaba determinando el modo en que trabajan, coartando así su talento, su iniciativa y sus capacidades. Se vulneran de esta manera algunos de sus derechos personales, contribuyendo a que se propague, contagiada de unos a otros, la toxicidad en el ambiente laboral.

14. LOS TRES FACTORES TÓXICOS

> «Cuando tres marchan juntos, tiene que haber uno que mande».
>
> Proverbio manchú

Pasamos ahora a analizar cómo cada uno de los tres factores que componen el ambiente laboral influye en que aparezca y se mantenga la toxicidad.

Nos centraremos sobre todo en el factor personas, por ser al que más frecuentemente se refieren quienes tienen problemas con el ambiente de su trabajo, y por lo tanto asumo que será por el que con más probabilidad se sientan interesados muchos lectores.

Sin embargo, no por ello dejaremos de comentar los otros dos factores, porque son también muy importantes en el grado de toxicidad de un ambiente laboral. Debido a lo complejo de ambos, trataremos tanto los procedimientos de trabajo como la organización a un nivel general y con brevedad. Suficiente eso sí para dar unas nociones básicas y comunes que sean aplicables a todas las empresas, para que de este modo cualquier lector pueda ver reflejadas en su análisis algunas de las causas del ambiente tóxico en el que trabaja.

14.1. FACTOR PERSONAS

«¿Es usted un demonio? Soy una persona. Y por lo
tanto tengo dentro de mí todos los demonios».

Gilbert Keith Chesterton

No son las personas, sino *sus actitudes* las que hacen tóxico un
ambiente laboral. La actitud de una persona nos resulta tóxica
cuando ataca nuestra integridad, solo nos aporta negatividad o es
opuesta a la que consideramos la actitud correcta en una
determinada situación.

Las actitudes son, generalmente, la forma en que las personas se
adaptan al ambiente. Al ser conductas de adaptación, no pretenden
cambiarlo, sino que les permitan sobrevivir en él. Las actitudes son
una consecuencia del ambiente y por lo tanto son también uno de
los medios por los que se contagia la toxicidad en una empresa.
Por ejemplo, en un ambiente laboral tóxico puede haber una pobre
comunicación. Eso, por sí solo, no nos aportará toxicidad. En
donde percibiremos la toxicidad es en el aislamiento que nos
producen actitudes poco comunicativas, como que se pongan en
marcha nuevos procedimientos de trabajo y no se nos informe
(pero se nos exija saberlos) o que una persona haya tenido un
problema de importancia (un accidente, por ejemplo) y la empresa
mantenga silencio y no haga una breve comunicación a sus
compañeros.

Frente a la personalidad del grupo, de una empresa en este caso,
la personalidad individual siempre tiene menos fuerza y acaba
siendo sobrepasada o, como mínimo, matizada y moldeada[9]. En
los primeros momentos de choque contra la personalidad de una
empresa, la personalidad individual reaccionará tratando de
autoafirmarse, pero tarde o temprano cederá en cierta medida.
Todos, en la consistencia de nuestra personalidad, es decir en
nuestra integridad, tenemos un *punto de rotura*, un momento a partir

---

[9] Por eso las personas han llegado siempre a la misma solución para
luchar contra colectividades: agruparse para formar otro sistema que
represente los valores opuestos y así poder enfrentarse al sistema que quiere
imponérseles.

del cual dejaremos de luchar contra un sistema tóxico y pasaremos a una actitud defensiva, para tratar de recibir los menos *golpes* posibles. En ese momento, cuando se produce una rotura en la *armadura* de nuestra personalidad, se abre una brecha en nuestra integridad por la que empieza a entrar la toxicidad, y corremos el riesgo de empezar a desarrollar actitudes tóxicas. Lo haremos como mecanismo de defensa, para adaptarnos al ambiente. Empezaremos así, de forma más o menos intencionada, a colaborar con el ambiente tóxico.

Este punto de rotura en nuestra integridad no es el mismo para todos. Según la personalidad de cada uno, y según la fortaleza de su integridad, el punto de rotura variará de unas personas a otras. Unas personas aguantarán durante más tiempo que otras la presión de un sistema tóxico, y algunas reaccionarán con actitudes menos tóxicas que otras aun cuando hayan llegado a su punto de rotura.

Cuando se empieza a colaborar con un sistema tóxico, el nivel de colaboración dependerá de nuestra personalidad. Si entre nuestros valores prioritarios no está, por ejemplo, decir la verdad, es más probable que empecemos a mentir como forma de adaptación. O si entre nuestros valores más arraigados no está hacer siempre las cosas lo mejor que podamos, lo normal es que descuidemos nuestro desempeño profesional y empecemos a tener un rendimiento de menor calidad en nuestro trabajo.

Todos somos responsables de nuestros actos, pero una organización, si es sana, se encargará de no permitir que las características más negativas de la personalidad de un individuo intoxiquen el ambiente, contagiándose a otras personas. Por ejemplo, una persona que no trate con el debido respeto a los demás, será sancionada rápidamente por una empresa con un ambiente laboral sano. Sin embargo, si la organización es tóxica, ignorará, mantendrá o incluso, en el peor de los casos, propiciará ese tipo de actitud.

Por este motivo, el punto de vista que adoptaremos en este apartado es que *es el ambiente laboral tóxico el que provoca actitudes tóxicas en las personas*, y no al contrario. La empresa es, en buena medida, responsable de que estas actitudes se den, se mantengan y se refuercen.

Pero tampoco debemos utilizar el sistema como excusa de nuestros fallos de comportamiento. Debemos tener siempre presente que ante las mismas circunstancias tóxicas hay personas que son capaces de mantener un comportamiento ético. Su ejemplo es el espejo en el que todos debemos mirarnos para encontrar un punto de referencia acerca de lo que está bien y lo que está mal, de lo que podemos y no podemos hacer en una empresa.

A continuación vamos a ver algunas de las actitudes que las personas adoptan como reacción a un ambiente laboral tóxico. Son las actitudes de las que más a menudo he oído quejarse a las personas que describían su experiencia en un ambiente de trabajo tóxico.

ACTITUDES TÓXICAS EN AMBIENTES TÓXICOS

> «Ni Luzbel, ni líderes hercúleos, el triunfo del mal requiere reptiles colaborando, irrelevantes, múltiples ciempiés penetrando por doquier».
>
> Elpidio José Silva

Las actitudes son uno de los factores más determinantes a la hora de percibir un ambiente como tóxico porque, sin duda, somos las personas las que podemos hacer de una situación un paraíso o un infierno. Las actitudes tóxicas de las personas generan reacciones en otras, que a su vez pueden acabar adoptando también actitudes tóxicas. Por eso, las actitudes son el agente de contagio por el que se propaga con más rapidez la toxicidad.

Las actitudes que pueden tener las personas en un ambiente laboral tóxico son de muchos tipos. Aquí describiremos algunas de ellas, las que son más comunes, pero puede haber otras. Seguro que usted puede añadir algunas clasificaciones más. No se trata de poner todas las posibles, sino de enseñarle a reconocer *patrones de conducta tóxicos* y a que sepa separarlos de la personalidad total de las personas. Una vez que lo haga, reconocerá con más rapidez las actitudes tóxicas. Pero tenga en cuenta que estas actitudes se pueden dar tanto en los demás como en nosotros mismos.

Estas actitudes son posibles en personas de todos los puestos jerárquicos y departamentos de una empresa. En caso de mandos intermedios o superiores, tienen consecuencias más graves, ya que estas personas tienen un mayor grado de responsabilidad en el ambiente laboral, y por tanto mayor capacidad de influir con sus decisiones y ejemplo en el comportamiento de muchas otras personas.

Las que se describen aquí son tipos puros, es decir actitudes que ejemplifican unas determinadas características tóxicas. En la realidad, las actitudes de las personas no siempre responden a un tipo puro, sino que en una misma persona se pueden combinar varias actitudes y en diferentes grados.

Un peligro que se corre con las actitudes tóxicas es que se acaben volviendo patológicas, es decir, enfermizas, que las personas las usen y las vean usar tanto que acaben pensando que esas son las actitudes correctas al tratar con otras personas. Este es un peligro nada desdeñable, ya que, como hemos visto, la fuerza del grupo siempre es mayor que la del individuo y todos tenemos un punto de rotura al que la presión grupal, si se ejerce el tiempo suficiente, acabará llegando.

Antes de comenzar la descripción de estas actitudes, hay que hacer dos matizaciones.

En primer lugar es necesario remarcar que las descripciones que siguen no califican a las personas, *sino a sus actitudes*. Aunque en ocasiones pueda utilizar el sustantivo persona, lo haré para no repetir siempre la expresión *«persona con actitud…»*. Describiré actitudes tóxicas que las personas adoptan como mecanismos de adaptación a un ambiente laboral que les oprime y amenaza su integridad, pero debemos tener en cuenta que la personalidad humana es mucho más amplia y compleja, por lo que estas descripciones no pretenden juzgar a nadie. Una actitud no tiene por qué representar la personalidad de una persona. Una persona siempre es más que una determinada actitud, aunque esa actitud nos resulte tóxica.

En segundo lugar, ruego al lector que no perciba mala intención en ninguna de las descripciones. Apelo para ello a su tolerancia e incluso sentido del humor, y espero que cuando identifique en las siguientes descripciones algunas de las actitudes que ve diariamente en su entorno laboral, esboce más una sonrisa de comprensión que una mueca de disgusto.

Vamos entonces con la descripción de las actitudes tóxicas que las personas pueden desarrollar en un ambiente laboral tóxico.

La mentira

«¿Puede haber en el mundo algo más despreciable
que la elocuencia de una persona que no dice la verdad?»
Thomas Carlyle

En los ambientes tóxicos la mentira se utiliza con mucha frecuencia. Son varias las razones que pueden llevar a las personas a usarla:

— Falta de confianza en los demás.
— Sospechas de que lo que digan se puede volver en su contra.
— Ocultación de sentimientos y opiniones por miedo a que sean calificados como opuestos a la organización.
— Desconocimiento de procedimientos de trabajo.
— Ocultación de errores, para evitar ser reprendidas o sancionadas.
— Creencia de que decir la verdad les perjudicará, debido a las reglas tóxicas que rigen en la empresa.
— Atajo para conseguir ventajas: quedar bien delante de superiores, desacreditar a compañeros que se perciben como competidores, etc.
— Adulación. Para ser visto con mejores ojos por la empresa y que se les perdonen otras facetas en las que no están bien considerados (nivel de desempeño o faltas anteriores, por ejemplo).
— Manifestar acuerdo con normas de la empresa que realmente no comparten.
— Manifestar preocupación por compañeros a los que en realidad no tienen en buena consideración.

Sea cual sea el motivo por el que se miente, mintiendo se corre el riesgo de que los demás se den cuenta de que se utiliza la mentira de forma sistemática y recurrente, lo que dará lugar a una desconfianza generalizada hacia quien miente. Además, la mentira discapacita para dirigir equipos eficazmente o para puestos de responsabilidad, ya que en caso de errores, conflictos o problemas las personas no percibirán que se respaldará su actuación por parte de quienes les dirigen. Aunque individualmente las personas podemos perdonar la mentira, la conciencia colectiva no suele perdonarla. A la persona que mienta se la etiquetará con facilidad como *falsa*, en el sentido de que utiliza la mentira de manera habitual como estrategia de supervivencia propia en la empresa.

Mentir es una reacción defensiva a un ambiente que creemos que no tolerará la verdad, pero como toda actitud tóxica se contagia, y como consecuencia de la generalización de la mentira no existirá una comunicación efectiva en la empresa ni se crearán relaciones de confianza entre compañeros.

El miedo

> «Retroceder ante el peligro da por resultado cierto aumentarlo».
>
> Gustavo Le Bon

El miedo es posiblemente la actitud tóxica que está detrás de la mayoría de las otras actitudes negativas en un trabajo.

El miedo en un ambiente laboral tóxico es en buena medida debido a situaciones que son más imaginarias que reales, porque muchas veces las personas ni siquiera han sufrido las consecuencias que creen que les ocurrirán si actúan sin miedo (enfrentamiento con la empresa, mala imagen, sanciones o despido). Las personas tienen miedo porque, a un nivel más o menos consciente, perciben toxicidad en el ambiente, ven lo que han sufrido otros, y sienten miedo porque imaginan las consecuencias negativas de actuar de acuerdo con su personalidad.

La mayor parte de las veces el miedo será a perder su posición en la empresa. Es posible que una persona que sienta miedo se haya resignado al ambiente tóxico y haya aceptado hacer renuncias personales para conseguir o mantener un puesto que le permita vivir con comodidad. Es probable que se haya dicho que esas renuncias son temporales, pero al final es muy posible que se acabe dando cuenta de que sigue teniendo que mantenerlas para poder conservar el puesto o los privilegios conseguidos.

Otras veces el motivo del miedo será el despido. Las necesidades personales y económicas hacen que las personas sintamos inseguridades durante muchos momentos del día, que acaban afectando a nuestros procesos de toma de decisiones. Un ambiente tóxico potencia esas inseguridades. La inseguridad a tener que volver a empezar y el miedo a encontrar más de lo mismo en otro sitio, hacen que algunas personas acepten el ambiente tóxico como un mal menor en sus vidas, frente a posibles e imaginados males mayores.

Las personas con miedo siempre se guardarán sus verdaderas opiniones sobre las cuestiones de empresa y rara vez se mostrarán como realmente son en presencia de los compañeros de trabajo. Puede que a algunas personas cercanas les hagan confesiones en voz baja, que sin embargo nunca reconocerán en público. Vivirán en un estado de miedo constante. Jamás tomarán partido por nadie, ni siquiera en una situación que consideren injusta. No busque en ellos aliados, porque le darán la razón y le comprenderán, pero solo será para no entrar en conflicto con usted. Llegada la hora, no le servirán de apoyo frente al ambiente tóxico.

El miedo impide que las personas muestren sus verdaderas capacidades profesionales, al no atreverse a dar sus opiniones sobre cuestiones de trabajo y no querer actuar con iniciativa propia, lo que priva a la empresa de fuerza de trabajo y de disponer de mejores recursos humanos con los que encontrar soluciones a los problemas.

La sumisión

«Los cobardes son los que se cobijan bajo las normas».

Jean Paul Sartre

Hay personas que optan por tener una actitud sumisa como defensa ante un ambiente tóxico. La sumisión tiene características comunes con el miedo, pero lo que la hace merecedora de una categoría propia es que implica dejarse dominar, mientras que el miedo tiende a hacer que las personas eviten las situaciones.

La sumisión es la actitud complementaria a la hostilidad, cuando esta segunda actitud va acompañada de dominancia, por lo que personas con actitudes sumisas tarde o temprano son captadas por personas con actitudes hostil- dominantes.

La sumisión hace que no se lleve la contraria a la empresa ni a las personas que se comportan con autoridad, la tengan o no realmente. Esta actitud puede darse en personas de gran bondad natural pero que por razones de personalidad o por circunstancias personales no creen que les resulte beneficioso enfrentarse al sistema tóxico. Por eso, no tomarán partido en injusticias ni en intentar solucionar situaciones conflictivas provocadas por el ambiente laboral.

De forma parecida a lo que ocurría con las personas con miedo, las personas con actitudes sumisas no defenderán con demasiada intensidad ni durante demasiado tiempo sus puntos de vista profesionales, por muy correctos y válidos que sean. Además, su criterio podrá ser doblegado con facilidad aun por personas con opiniones menos útiles para la empresa.

La hostilidad

«La violencia no es sino una expresión del miedo».
Arturo Graf

Las personas actúan con hostilidad como respuesta a la frustración[10]. La frustración puede dar lugar a rencor, a amargura y a hostilidad. Una persona se puede frustrar en un ambiente tóxico cuando ve que sus expectativas no se cumplen, cuando se da cuenta de que no puede mostrarse tal y como es o cuando no sabe cómo enfrentarse al sistema tóxico. Ante estas situaciones, se frustra y su reacción a ese estado es la hostilidad: defenderse atacando.

Una persona hostil percibirá como enemigos a la mayoría de sus compañeros, y serán pocos los motivos que se le tendrán que dar para que muestre su hostilidad y descontento. Cualquier excusa le servirá para mostrar abiertamente su frustración y su enfado.

Junto con la actitud hostil se puede dar también la actitud hostil-dominante, por medio de la cual las personas tratan de someter a otras para constituir así un grupo de fuerza que afirme su

---

[10] Frustración es el sentimiento que una persona tiene cuando no consigue algo que quiere.

personalidad dentro de la empresa. Como hemos visto, las personas sumisas tienen la actitud que se complementa con las personas hostiles-dominantes, por lo que serán los principales aliados que busque una persona hostil. Esto es así porque de esta manera, en los grupos que formen, podrán dar rienda suelta a toda su hostilidad sin que nadie les lleve la contraria.

Puede que fuera de la empresa muchas personas no quisieran tener relación con personas con este tipo de actitud, pero dentro de la empresa, muchas no les mostrarán su rechazo por miedo a que la organización lo interprete como que no saben adaptarse a sus compañeros. Así que les consienten. Por desgracia, eso solamente servirá para reforzar su hostilidad porque, al ser consentida, es también, en cierto sentido, recompensada.

Estas personas manifestarán a menudo su hostilidad verbalmente, usando la descalificación y la crítica injusta. Harán con frecuencia consideraciones personales despectivas sobre los demás y tendrán tendencia a extender rumores malintencionados. Siempre estarán buscando los límites a los que pueden llegar con sus compañeros, poniendo a prueba su paciencia y aumentando la presión que les haga llegar al punto de rotura de su personalidad. Por las reacciones que provocan en los demás, son unos claros agentes de contagio de la toxicidad.

Al principio, estas personas pueden mostrarse menos hostiles de lo habitual con el objetivo de conseguir *captar* aliados para su círculo más próximo, pero no debemos engañarnos: tarde o temprano, y por cualquier motivo, el conflicto con estas personas puede estallar.

La ignorancia voluntaria

> «Nada hay más terrible que una ignorancia activa».
> Goethe

La ignorancia voluntaria es una actitud tóxica por omisión, más que por acción. Las personas adoptan esta actitud cuando perciben una toxicidad elevada en el ambiente laboral contra la que no saben qué hacer. Son personas que quieren mantener la integridad de su personalidad, pero que creen que llevarán las de perder en un enfrentamiento con la empresa, por lo que llegan a la conclusión de que lo mejor es actuar como si no trabajaran en un ambiente tóxico: deciden ignorarlo.

Normalmente han tenido la suerte de no haber tenido conflictos, por lo que creen que su actitud es la correcta. La empresa los reconoce porque *«no dan problemas»*. Sin embargo, en su ignorancia buscada, ignoran también que tarde o temprano el ambiente tóxico puede acabar llegando hasta ellas, cuando caigan en un circuito tóxico o cuando una persona con una actitud hostil busque un enfrentamiento con ellas.

La conveniencia

> «El egoísta sería capaz de pegar fuego a la casa del vecino para hacer freír un huevo».
>
> Sir Francis Bacon

Hay personas que en un ambiente tóxico no solo buscan no tener problemas, sino que intentan sacar beneficio. Se dan cuenta de que trabajan en un ambiente con unas reglas tóxicas, en donde actuar de acuerdo a valores propios que no coincidan con los de la empresa será sancionado, así que deciden renunciar a la integridad de su personalidad pero a cambio de obtener beneficios.

Intentarán no solo adaptarse y sobrevivir, sino adaptarse con éxito y vivir en las mejores condiciones posibles. Las personas con esta actitud siempre estarán tratando de obtener una ventaja y siempre harán cualquier cosa con un propósito definido, aunque los demás no lo vean.

Son personas de una extrema practicidad, para las que todo, incluidas las relaciones personales, se mide en una balanza en la que se sopesan pérdidas y beneficios.

Para conseguir una mejor posición en la empresa utilizarán todas las actitudes que crean necesarias: mentir, someterse, ignorar… Cualquier actitud será válida si les sirve para conseguir su objetivo.

La consecuencia de esta actitud para los compañeros y para la empresa es que son personas con muy poco grado de compromiso con los demás y con su trabajo. Su objetivo es vivir bien en un entorno que perciben como caótico. No hacen su trabajo lo mejor que pueden porque el ambiente tóxico les ha demostrado que eso no les servirá para mejorar.

La incompetencia

> «Hay algunos diestros que parecen zurdos de las dos manos».
>
> Alejandro Casona

En ambientes tóxicos, hay personas que no tienen las capacidades personales ni profesionales para ocupar el puesto que realmente ocupan. Sencillamente han llegado a ese puesto por otras razones. Es el caso de las personas que tienen una actitud incompetente.

Las personas con esta actitud no saben hacer su trabajo, y no ven motivo para aprender a hacerlo, ya que han conseguido su posición sin necesidad de unas buenas competencias profesionales. La energía que deberían utilizar en aprender a hacer su trabajo la gastan en disimular que no saben hacerlo. Suelen amoldarse a cualquier opinión que crean que es la de la empresa, buscan siempre quedar bien para que no se noten sus carencias profesionales, y en cuanto pueden, desaparecen de su puesto de trabajo porque les resulta una tortura tener que hacer un trabajo que no saben y no quieren hacer.

Esta actitud resultará doblemente tóxica en personas que ocupen un puesto de responsabilidad, porque influirán con sus decisiones en que existan procedimientos de trabajo y normas de organización que a su vez también serán tóxicos. Además, serán el ejemplo de que la recompensa no es el trabajo bien hecho, sino que el éxito en la empresa se consigue por otros motivos, lo que llevará a muchas personas a sentir que se vulnera su derecho de querer mejorar profesionalmente, y como consecuencia a implicarse menos en su trabajo.

Estas personas se caracterizan por un nivel de desempeño bajo o nulo, por dedicar tiempo de trabajo a actividades que nada tienen que ver con sus tareas, por la impuntualidad, por desaparecer cuando se tratan temas profesionales, por desconocimiento de sus funciones y por una total falta de actualización laboral.

La incompetencia peligrosa

> «Nada en el mundo es más peligroso que la ignorancia sincera y la estupidez concienzuda».
>
> Martin Luther King

Esta es una de las actitudes más dañinas para la supervivencia de una empresa. La diferencia entre la incompetencia y la incompetencia peligrosa es que las personas con la primera actitud conocen sus carencias, pero las segundas no son conscientes de ellas, por lo que creen que están haciendo bien su trabajo. Sus decisiones pueden complicar innecesariamente situaciones entre personas, procedimientos de trabajo y la organización de la empresa. En casos extremos, por desconocimiento, pueden llegar a proponer procedimientos y normas ilegales. Suelen ser personas muy seguras de sí mismas, debido a que el ambiente laboral tóxico normalmente responsabiliza a otros de sus errores, por lo que no son verdaderamente conscientes de haberlos cometido.

Con esta actitud, la toxicidad se propaga con facilidad, debido a que muchas de sus decisiones y comportamientos vulneran flagrantemente los derechos personales de los demás, lo que provoca un sentimiento de indefensión que se acaba traduciendo en actitudes tóxicas.

La desidia

> «Estar en ocio muy prolongado, no es reposo, es pereza».
>
> Séneca

En un ambiente tóxico, algunas personas pueden decidir no trabajar o trabajar lo menos posible. Pueden ser personas competentes y válidas, pero las actitudes tóxicas de los demás, procedimientos de trabajo sin sentido y la falta de unas adecuadas normas de organización, las desmotiva y las sume en un estado de apatía. Acaban derrochando sus energías en no trabajar, cuando es probable que si emplearan la mitad de esas energías en trabajar fueran empleados válidos y útiles.

Por desgracia, en un ambiente tóxico se suele ser más permisivo con este tipo de actitudes, que se acaban tolerando como un mal menor, que con quienes cometen errores en el desempeño de su trabajo.

Es enorme el daño que le hace a una empresa que trabajadores con un buen potencial profesional acaben llegando a la conclusión de que esta actitud es la más adaptativa. También resulta muy dañino para una empresa permitir esta actitud en personas con poco potencial profesional, que encontrarán en la desidia el refugio perfecto para pasar inadvertidas.

La mala educación

> «La educación es al ser humano lo que el molde al barro. Le da la forma».
>
> Jaime Balmes

Esta actitud ataca frontalmente los derechos de las personas a ser tratadas con educación, respeto y dignidad.

En un ambiente tóxico, una persona puede ser maleducada porque el ambiente la ha *quemado*, provocando que haya perdido toda confianza en los demás. Con su actitud mostrará su desprecio hacia sus compañeros. No dará las gracias por nada, todo y todos le parecerán mal, y con frecuencia hará comentarios de mal gusto en voz alta. Muchas personas reaccionarán evitándola, lo que hará que se aísle y se queme más todavía. En momentos de gran tensión, puede tener reacciones totalmente fuera de lugar.

Una vez más, si las normas de organización no sancionan y corrigen adecuadamente esta actitud, será un elemento clave para que se propague con extrema facilidad la toxicidad, debido a que supone un ataque a los derechos personales más básicos.

La superficialidad

> «La omisión del bien no es menos represible que la comisión del mal».
>
> Plutarco

Hay personas que detectan el ambiente laboral tóxico de una empresa y deciden adoptar una actitud de superficialidad para evitar verse envueltas en situaciones problemáticas.

Puede que su personalidad tenga demasiada fortaleza como para que sientan miedo o sean sumisas, pero al no percibir a los demás como posibles apoyos en un conflicto, optan por una cómoda superficialidad que les evite problemas. Sin embargo, si se traspasan los límites de sus derechos personales, es posible que reaccionen sin miedo, diciendo y defendiendo lo que realmente piensan.

El problema con estas personas es que solo sacan a la luz su verdadero yo cuando algo les afecta directamente y creen que está en peligro su puesto de trabajo. Por este motivo, los demás no confían en ellas, y si son elegidas para dirigir a otras personas, los miembros de sus equipos no percibirán liderazgo ni compromiso por su parte.

No tratan de cambiar el ambiente tóxico de la empresa, por lo que, por omisión, contribuyen a mantenerlo.

La envidia

> «El tema de la envidia es muy español. Los españoles siempre están pensando en la envidia. Para decir que algo es bueno dicen: *es envidiable*».
>
> Jorge Luis Borges

La envidia, en una empresa, puede surgir porque las personas sientan vulnerado su derecho a ser tratadas igual que los demás.

Si una organización trata, por razones injustas, a algunas personas de forma privilegiada, otras personas pueden desarrollar envidia debido a que ven que ese trato no está a su alcance por medio de su esfuerzo profesional. Esto derivará en que surjan tensiones entre compañeros, que pueden acabar dando lugar a otras actitudes tóxicas derivadas de la frustración que genera la envidia, como pueden ser la mentira, la hostilidad o la conveniencia. Todas ellas, como ya hemos visto, son actitudes que contribuyen a la toxicidad de un ambiente laboral.

Rompiendo una lanza por las personas

«Las personas no son malvadas, son desgraciadas».
Abraham H. Maslow

Durante la Edad Media eran frecuentes los torneos. Se trataba de espectáculos en los que caballeros de diferentes lugares competían en juegos de lucha y destreza como celebración de una conquista militar, una boda o una alianza con otro territorio. En estos juegos se seguían determinadas reglas, como no luchar a muerte, no pelear varios contra uno solo o no dar golpes en zonas sensibles del cuerpo.

En algunas ocasiones, los caballeros competían representando el honor y buen nombre de otra persona. Uno de los juegos más comunes eran las *justas*, en donde dos caballeros se lanzaban en sus monturas uno contra el otro esgrimiendo cada uno una larga lanza. En estos envites, era normal que se rompieran las lanzas por el violento choque entre los caballeros, por lo que se comenzó a utilizar la expresión *romper una lanza* cuando alguien defendía y representaba el honor de otra persona en una justa.

El uso de esta expresión se acabó popularizando y hoy en día se utiliza cuando una persona sale en defensa de otra.

Hemos hablado de actitudes, no de personas. La personalidad humana es compleja, y cualquier persona, junto a actitudes tóxicas puede tener otras virtudes que harán que nos caiga bien, le lleguemos a tener afecto o incluso acabemos por establecer con ella una relación de amistad.

Por eso las relaciones humanas son tan complicadas, porque junto con nuestras virtudes van también nuestros defectos, y junto con las actitudes correctas vienen también las actitudes equivocadas. Esto hace que personas en las que teníamos confianza puedan decepcionarnos en algún momento, porque la situación que sacó a la luz un determinado defecto o actitud tóxica se dio después de que ya habíamos tenido la oportunidad de conocer las características de su personalidad que nos resultaban positivas.

Y lo mismo ocurre con nosotros: sin duda nuestras actitudes equivocadas son a menudo motivo de decepción y sufrimiento de otras personas.

No debemos confundir nunca la actitud con la personalidad y por esa confusión juzgar a una persona precipitadamente. La gran mayoría de las personas que nos encontraremos en un ambiente tóxico tienen actitudes tóxicas como reacción al ambiente. Por eso, debemos mantener el profundo respeto que se le debe tener a cualquier persona, a pesar de que la actitud que tenga en un determinado entorno pueda parecernos equivocada o resultarnos tóxica.

Debemos tener en cuenta que una persona puede llegar a desarrollar una actitud totalmente opuesta a su verdadera personalidad y valores, pero puede hacerlo porque cree que es la mejor estrategia para sobrevivir en un entorno tóxico.

Es normal que reaccionemos emocionalmente ante personas que nos mienten, traicionan nuestra confianza o no muestran la educación que deberían. Pero no debemos caer en el peligro que esa toxicidad supone: acabar pensando que estas actitudes responden a la forma de ser de todas las personas. Si pensamos así, nos iremos *quemando*, y perderemos capacidad de disfrutar de nuestra vida personal y de darles la oportunidad a nuevas personas de que nos aporten relaciones sanas que sirvan de contrapeso a la toxicidad laboral.

Pero si bien todo lo dicho es cierto, no es menos cierto que por nuestro propio bien debemos acostumbrarnos a reconocer con rapidez las actitudes tóxicas que las personas pueden mostrar en un ambiente laboral, y que pueden llegar a ocasionarnos problemas profesionales e incluso personales. Si no las vemos a tiempo y nos dejamos confundir por ellas, nos pueden causar muchas complicaciones. Nuestra disposición personal debe ser de *comprensión vigilante*, para no pasar por alto el peligro que pueden encerrar determinadas actitudes y poder adoptar a tiempo las medidas adecuadas.

Y también debemos tener en cuenta que reconocer las actitudes tóxicas significa también saber reconocerlas en nosotros mismos, para que podamos sustituirlas por otras que aporten salud al ambiente laboral en el que trabajamos y evitar así que nuestras actitudes tóxicas se contagien a otras personas.

Comportamientos incomprensibles en un ambiente laboral tóxico

«Viviendo y viendo a las personas, hace que el corazón se rompa o se endurezca».

Nicolas Chamfort

Los ambientes laborales tóxicos propician que existan tensiones y conflictos entre personas. Cuando estos surgen, las personas encargadas del ambiente laboral no suelen saber cómo actuar (si lo supieran el ambiente no sería tóxico) por lo que lo normal es que los conflictos se *enquisten* y perduren en el tiempo. En ocasiones, estos conflictos van a más, y se llega a momentos de tensión máximos, en donde las personas pueden llegar a reaccionar con comportamientos incomprensibles y totalmente desproporcionados.

De la misma forma que si ponemos agua a hervir en una olla y no dejamos que la presión vaya saliendo por algún sitio, al final la olla explotará, lo mismo ocurre con la tensión entre personas. Cuando las tensiones entre personas en un ambiente tóxico llegan a niveles muy altos, las personas pueden tener reacciones desproporcionadas debido a la profunda alteración emocional y mental que les produce la tensión.

Las personas se alteran emocionalmente porque se disparan en ellas emociones instintivas y automáticas de miedo o ira como respuesta a una situación que perciben como amenazante. Y tienen alteraciones mentales en sus procesos de pensamiento porque, como el sistema tóxico de la empresa no les ofrece ninguna solución, acaban percibiendo todo el sistema como un peligro o una amenaza para la integridad de su personalidad. En este momento es cuando las personas empiezan a reaccionar con comportamientos incomprensibles que, para quienes los vean desde la distancia y traten de analizarlos con cierto grado de objetividad, pueden ir desde lo cómico a lo dramático.

En el lado cómico, recuerdo una situación que me contó un amigo que me hablaba con frecuencia de sus problemas laborales en un ambiente de elevada toxicidad. Se trataba de una institución pública en donde el trabajo era bastante estable, poco exigente y requería pocas horas de dedicación. El centro de trabajo estaba localizado en una zona rural, no muy habitada, por lo que las posibilidades de encontrar otro empleo de condiciones similares eran escasas. Como consecuencia, la mentalidad colectiva no quería que nada cambiase, para que ningún elemento externo pudiera alterar las ventajosas condiciones laborales. Sus compañeros daban el ambiente tóxico por bueno a cambio de estabilidad laboral. Por lo tanto, el miedo y la sumisión eran actitudes extendidas.

En un ambiente así, algunas personas que tengan un mayor grado de seguridad laboral porque estén respaldadas por otras que ocupen una posición jerárquica dominante, pueden fácilmente tender a actuar con hostilidad, abusando de su posición. Este era el caso que se daba con uno de los compañeros de mi amigo.

Mi interlocutor era una persona muy moral, de fuertes principios y profundas convicciones, que le llevaban a actuar de una forma profundamente ética y a exigir el respeto a sus derechos personales en cualquier situación. Esta actitud no tardó en chocar con la de otra persona, fuertemente respaldada por una de las máximas autoridades de la institución, que tenía una escala de valores totalmente distinta y hacía del abuso de autoridad y del comportamiento poco ético la norma. A medida que transcurrían los años, la tensión entre ambos fue en aumento y los conflictos fueron cada vez más frecuentes. Muchos de los trabajadores de la institución, a puerta cerrada, reconocían ante mi amigo que estaban de su parte. Sin embargo, en público, casi ninguno de ellos mantenía una actitud de apoyo hacia él. La situación era dura, mi amigo había sido marginado a la soledad de su despacho, solía pasar sólo sus momentos de descanso laboral y la situación en general le provocaba un gran sufrimiento personal.

Un día se produjo un enfrentamiento verbal entre ambos por motivos profesionales. En esos momentos, la tensión alcanzó su máximo. Emociones reprimidas salieron a la luz, y el conflicto acumulado durante años se dejó ver en toda su crudeza. Se llegó a un punto en que los argumentos racionales ya no servían, debido a que se estaba tratando un tema profesional como campo de enfrentamiento entre dos personas antagónicas. En un determinado momento, la persona que era la oponente de mi amigo reaccionó con un comportamiento incomprensible. Lo que hizo fue…. ponerse a bailar. Flamenco, para más señas. Agitaba los brazos en el aire, dando fuertes pisadas en el suelo, sonoras palmadas y veloces giros sobre sí misma. Como si un coro de gitanos le estuviera animando con sus voces, con el sonido de sus guitarras y con sus aplausos.

Recuerdo que a pesar del sufrimiento que, a lo largo de los años, toda la situación causó a mi amigo, cuando me contaba esta anécdota se reía. Ambos supusimos que su oponente se puso a bailar como forma de expresar su desprecio hacia él y ante la falta de argumentos lógicos (o que pudiera decir en alto) que respaldaran su comportamiento. Fue un momento en donde un conflicto entre personas en un ambiente laboral tóxico desembocó en una situación cómica.

Más adelante sin embargo, el conflicto continuó y los dos acabaron viéndose las caras en un juicio en donde mi amigo denunció lo que para él constituían conductas profesionales poco éticas y de las que era testigo continuamente.

Por desgracia, otras conductas incomprensibles de personas sometidas a situaciones de tensión en un ambiente laboral tóxico pueden tener formas más dramáticas de manifestarse. Una rápida búsqueda en la prensa de diferentes países del mundo nos proporciona múltiples ejemplos de conflictos laborales entre personas, de los que solo nos llegan las consecuencias y no las causas que los motivaron:

— «Se suicida otro empleado de France Telecom». El mundo.es. 05/06/2013.
— «Conmoción en Suiza: trabajador mató a dos compañeros, hirió a siete y se suicidó». Ámbito.com. 29/07/2013.
— «Un cocinero, herido de arma blanca en una pelea con un compañero de trabajo». Sur.es. 26/04/2012.
— «Cuando el terror llega al lugar de trabajo». Star Tribune. 30/09/2012.
— «Un vídeo muestra a Mossos[11] practicando tiro con compañeros delante de las dianas». Público.es. 30/04/2013.
— «Muere hombre al que disparó compañero de trabajo en La Pimentel». Lasprovincias.es. 29/11/12.

---

[11] Los Mosos o Mossos d´Esquadra son el cuerpo policial propio de la comunidad autónoma de Cataluña (España).

- «Mata a tiros a tres compañeros de trabajo por burlarse en Facebook de su mala puntería». 20 minutos.es. 04/06/2013.
- «El Tribunal Supremo considera accidente de trabajo el suicidio de un empleado expedientado tras una huelga». Publico.es. 24/02/2013.
- «Trabajador argentino asesina a sus dos jefes y a un compañero y se suicida». Diariolibre.com. 21/12/2012.
- «Foxconn sufrió el suicidio de varios trabajadores en las últimas semanas». Siliconnews.es. 21/05/2013.

Hay algo que todos debemos tener claro. Como he mencionado en la primera parte del libro, las personas tienen unos derechos humanos, unos derechos laborales y unos derechos personales. Los primeros y los segundos están protegidos por la ley, y los terceros no, al menos no directamente.

El orden de prioridad en el que estos derechos se deben respetar es precisamente el que acabo de decir: primero se deben respetar los derechos humanos, luego los laborales y después los personales. Por supuesto, lo correcto es que se respeten los tres tipos de derechos a la vez.

No es admisible bajo ningún punto de vista, por causa de defender los derechos personales, reaccionar vulnerando los derechos humanos. Cualquier comportamiento en esa dirección, por mucho que quien lo haga se considere una víctima, está penado por la ley, a la que todos debemos someternos, precisamente para que esa misma ley nos proteja a nosotros en situaciones similares. Reacciones como algunas de las que acabamos de leer deben ser castigadas.

Sin embargo, debemos obligarnos a hacer un esfuerzo para reflexionar sobre cuántas de estas noticias tienen de fondo un ambiente laboral tóxico, y hasta qué punto, si las condiciones hubiesen sido otras, se podían haber evitado. Situaciones como las que hemos visto en este apartado deben hacernos tomar conciencia sobre la importancia que tiene cuidar los ambientes laborales.

14.2. FACTOR PROCEDIMIENTOS DE TRABAJO

> «Y, como le iba a explicar, estas dos fuertes potencias
> están enzarzadas en una encarnizada guerra desde hace
> treinta y seis lunas. Empezó de la manera siguiente. En
> todas partes se admite que el modo tradicional de cascar
> los huevos para comérselos es hacerlo por el extremo
> más ancho; pero el abuelo de Su Majestad, cuando era
> niño, se dispuso una vez a comer un huevo y, al
> romperlo a la antigua usanza, se cortó uno de los dedos.
> Ante este hecho, su padre, el emperador, publicó un
> edicto ordenando a todos sus súbditos que rompieran
> los huevos por el extremo angosto so pena de sufrir
> grandes castigos. Tan mal se tomó el pueblo esta ley
> que, por esta causa, ha habido seis rebeliones a lo largo
> de nuestra historia; y en ellas, un emperador perdió la
> vida y otro, la corona (...). Se ha calculado que, en
> diversas épocas, unas once mil personas han preferido
> morir antes que acceder a romper los huevos por el
> extremo angosto».
>
> Fragmento de la conversación entre Gulliver y un
> secretario de estado del imperio de Lilliput.
> *Viajes de Gulliver.*
> Jonathan Swift

Los procedimientos de trabajo deben servir para que una empresa alcance sus objetivos de productividad y rentabilidad. Y, a la vez, no deben atentar contra la integridad de las personas. Deben estar dictados desde el conocimiento de profesionales que entienden el negocio al que se dedica la empresa, por lo que deben ser válidos y útiles en el sentido de que permitan conseguir los objetivos marcados. Pero deben ser también aceptados y compartidos por las personas que los llevan a la práctica, ya que de lo contrario acabarán siendo mal aplicados o generando toxicidad.

Una vez más debemos huir de la demagogia. No se trata de que los procedimientos de trabajo les gusten a los trabajadores. Se trata de que no les pongan en la situación de elegir entre llevar a cabo el procedimiento o salvaguardar sus derechos personales. En la medida en que no se haga así, se irá añadiendo, metafóricamente hablando, peso a uno de los extremos de la balanza que, si se desequilibra, puede acabar intoxicando un ambiente laboral.

Algunas de las características que tienen los procedimientos de trabajo que resultan tóxicos a las personas son las siguientes:

Sin sentido

Muchas veces los procedimientos de trabajo están diseñados por personas que no los usan ni ven cómo otras lo hacen, por lo que se corre el peligro de que en la práctica diaria sean percibidos como procedimientos sin sentido, poco eficaces e incluso inútiles, y de que vulneren alguno de los derechos de las personas, como por ejemplo que se les exijan resultados cuando los medios o la formación que se les dan no son suficientes.

Poco éticos

En algunas ocasiones, los procedimientos de trabajo pueden atentar contra la ética de las personas, obligándolas a actuar de una forma contraria a sus valores, sin darles una justificación adecuada para hacerlo. Un procedimiento de trabajo que haga que una persona tenga que mentir para realizar una venta de un producto es un ejemplo de un procedimiento poco ético.

Si los procedimientos son tóxicos, más tarde o más temprano las personas, al sentirse obligadas a actuar contra sus valores, se verán contagiadas por la toxicidad.

Mal diseñados

Hay procedimientos que están mal diseñados en cuanto al tiempo que se les concede a las personas para realizar el trabajo o en cuanto a las fases que deben seguir para aplicarlos.

En lo que respecta al tiempo necesario, *tener las cosas para ayer*, frase tan común en el mundo empresarial, no hace más que añadir, sin necesidad, estrés y tensión al ambiente. Todo necesita un tiempo para hacerse, y es tan poco recomendable dar un tiempo excesivo como dar un tiempo escaso.

En cuanto a las fases, muchas veces hay pasos que no son necesarios y que crean más problemas de los que resuelven. Un ejemplo es la excesiva burocracia que hay en muchas empresas y que les impide ser dinámicas y tomar decisiones con rapidez.

No se pueden exigir resultados sin dar los medios y el tiempo necesarios. Si se hace así, será percibido como una injusticia, que acabará generando en las personas actitudes tóxicas.

Humanamente imposibles

A veces algunos procedimientos parecen exigir a las personas más de lo que realmente pueden hacer. Esto les lleva a dedicar mucho esfuerzo para conseguir hacer algo que se podría realizar de una forma más eficaz si se distribuyera adecuadamente el trabajo. Si a esto se le suma una cultura del error, en donde equivocarse, aun cuando sea por el cansancio que el sobreesfuerzo supone, está mal visto e incluso sancionado, hará que las personas sientan que se les exige más de lo que realmente reciben en contraprestación, lo que les llevará a caer en actitudes tóxicas como la desidia, tratando de trabajar siempre lo menos posible.

Con este tipo de procedimientos tóxicos, es probable que las personas acaben gastando más energías en no hacer el trabajo sin que la empresa lo note, que intentado hacerlo. O si no seguirán una *política de mínimos*: hacer el mínimo trabajo posible para pasar inadvertidos.

Los procedimientos de trabajo los diseñan y deciden personas. Si estas personas quieren evitar que algunos de ellos sean agentes tóxicos, deben estar atentas a las opiniones y las correcciones propuestas por quienes de verdad los utilizan. Si no hay una buena comunicación en este sentido, es muy posible que se caiga en lo que un profesor que tuve en la universidad llamaba *«una operación con éxito en la que muere el paciente»*. Es decir, que todos piensen que han hecho un buen trabajo, pero que en realidad el resultado sea negativo.

Una verdadera y honesta comunicación entre los diferentes puestos y departamentos, y la existencia de una capacidad real de asumir las críticas como elementos de mejora, son vitales si se quiere evitar el fracaso de cualquier proyecto empresarial. Por eso es tan importante que con los procedimientos de trabajo no se generen actitudes tóxicas, que no harán más que obstaculizar la comunicación e impedir un verdadero trabajo en equipo.

14.3. FACTOR ORGANIZACIÓN

> «Viendo claramente la confusión, uno se libera de la confusión».
>
> Nisargadatta

La organización es el factor más poderoso a la hora de controlar el ambiente laboral, ya que es quien crea las normas y las políticas que determinan la cultura de empresa.

Si bien el factor personas es probablemente el que aporta más sufrimiento inmediato a los miembros de cualquier empresa, el factor organización es el último responsable de la toxicidad del ambiente.

La organización hará tóxico el ambiente laboral siempre que promueva reglas y formas de actuación que vulneren los derechos personales de los empleados.

Algunos de los elementos de la organización que hacen tóxico el ambiente laboral son los que veremos a continuación.

La cultura del error

Hemos hablado ya de ella. Es importante asumir que las personas siempre cometerán fallos. Esto es algo que no se puede cambiar. Lo único que se puede hacer con los errores es minimizar su probabilidad de ocurrencia. Para eso están los procedimientos de trabajo. Que la responsabilidad de una tarea no recaiga completamente sobre una sola persona y que esta persona disponga de las condiciones adecuadas que le permitan realizar su trabajo con ciertas garantías, son los mejores mecanismos para prevenir errores.

En puestos en los que la responsabilidad es grande, esto ya se sabe, y se idean todo tipo de procedimientos y controles para supervisar y apoyar la labor de las personas. Tenemos ejemplos en pilotos de avión, en personas que manejan sustancias peligrosas o en personas que tienen a su cargo armamento. En todos estos casos, siempre se disponen otras personas y controles para revisar cada procedimiento de trabajo, porque se entiende, y se asume, que dejarlos en manos de una sola persona, por cualificada que esté, aumenta la probabilidad de que se produzcan fallos.

Sin embargo, es curioso comprobar cómo, en empresas en donde de los errores no se derivarían consecuencias tan graves como en los ejemplos anteriores, se aplica un nivel de exigencia, al menos en apariencia, tan elevado como el que se le pone a aquellos profesionales, y se exageran las reacciones en caso de fallo. Tal vez esto se haga así para enmascarar las carencias de quienes no saben diseñar unos procedimientos adecuados, pero lo cierto es que se acaba creando una cultura del error que impide a las personas trabajar sin presión innecesaria.

Muchas empresas con ambientes tóxicos deben replantearse su cultura del error y empezar a exigir en función de las verdaderas consecuencias que tiene el trabajo de las personas. A medida que las consecuencias derivadas de los errores sean mayores, deben establecer procedimientos de supervisión que permitan compartir la responsabilidad. Y deben tener clara la diferencia entre *culpa* y *responsabilidad*.

Seguir estas líneas de actuación permitirá que las personas no perciban una presión en la cultura de la empresa que les resulte asfixiante hasta el punto de calificarla como tóxica, provocando que se planteen no trabajar demasiado para evitar errores por los que creen que serán sancionados.

Jerarquía

La jerarquía en una empresa debe ser la adecuada a sus objetivos. En una organización tóxica se tiende a tener un exceso de puestos de mando. Muchos de esos puestos se podrían fusionar, ahorrando categorías jerárquicas.

Además, es imprescindible que una empresa que quiera ser funcional y tener un ambiente laboral sano, escoja a sus mandos por su competencia. En empresas tóxicas, en demasiadas ocasiones ocupan puestos de responsabilidad personas que no tienen la preparación ni la sensibilidad interpersonal necesaria para dirigir a otras personas, lo que hace que adopten estilos de dirección inadecuados, como el autoritarismo.

Una persona mal elegida, que ocupe un puesto de responsabilidad, contribuye más a la toxicidad de un ambiente laboral que varios empleados de una escala básica mal elegidos. Decisiones erróneas, falta de supervisión, malas relaciones con los compañeros y ser un ejemplo de que la competencia no es un valor que se tenga en cuenta en la empresa, son solamente algunas de las razones por las que malas elecciones para los puestos de responsabilidad contribuyen a que las personas perciban que la organización de una empresa es tóxica.

Falta de libertad para que las personas se expresen

En empresas con un factor de organización tóxico, demasiadas veces se percibe que las personas no se atreven a hablar con libertad, incluso de temas extralaborales. Como consecuencia, se crea un ambiente de opresión en donde las personas no se siente libres de mostrase tal como son, y proliferan conductas tóxicas como la mentira o la conveniencia.

Que las personas expresen libremente sus opiniones, incluso sobre asuntos que no tienen nada que ver con el trabajo, enriquece el ambiente. Nadie, dentro de una empresa, debe sentirse amenazado porque un compañero exprese una opinión totalmente contraria a la que uno tiene, sepa más de un determinado tema, haga una sugerencia válida para mejorar algún aspecto de la empresa o muestre abiertamente unos determinados valores.

Las personas, además de sus capacidades profesionales, tienen otras muchas facetas que, si la empresa está atenta y sabe crear condiciones favorables para que salgan a la luz, pueden serle de mucha utilidad.

Erróneo sistema de promoción

Las personas tienen derecho a querer mejorar profesionalmente. Una empresa contribuirá a crear un ambiente tóxico cuando el sistema de elección del personal, de promoción y de desarrollo profesional, en lugar de estar basado en las competencias profesionales y personales de los trabajadores, se guíe por otros criterios que nada tienen que ver con el desempeño del trabajo (amiguismo, azar o valoraciones erróneas o injustas).

Es poco lo que se puede decir acerca de los beneficios de la *meritocracia*[12], ya que estimula la legítima ambición profesional de las personas, sirve como incentivo para que desaparezcan actitudes tóxicas como la desidia, estimula a las personas a mejorar y sanciona a quienes optan por la comodidad de no evolucionar profesionalmente.

Supervisión del respeto a las normas

Hay empresas que, sobre el papel, tienen unas normas muy claras para mantener alejada la toxicidad, pero sin embargo tienen ambientes extremadamente tóxicos. ¿Por qué se produce esto? Porque fallan los sistemas de supervisión.

Por ejemplo, que haya una norma escrita que determine exactamente a partir de qué momento la impuntualidad se convierte en absentismo laboral está bien, pero si las personas comprueban que sistemáticamente otras incumplen esa norma sin ser sancionadas por ello, nada habrá más efectivo para asegurarse un incumplimiento sistemático y generalizado de la norma sobre puntualidad.

La mentira

Si la mentira era una actitud tóxica en las personas, lo mismo se aplica cuando proviene de la organización.

Mentir sobre las verdaderas motivaciones de las decisiones que afectan a los miembros de una empresa solo contribuirá a que haya falta de compromiso y poca implicación en las personas, contribuyendo de esta manera a que proliferen, una vez más, actitudes tóxicas como reacción a haber sido engañados.

---

[12] Meritocracia es un término no reconocido todavía en español, pero que se podría definir como «gobierno de los que reúnen más méritos». Que no esté en el diccionario ya es un dato significativo de lo poco que abunda este sistema de organización (comprobado en la versión on line del Diccionario de la Lengua Española de la RAE).

Intromisión en la vida privada y en las decisiones personales

Algunas empresas tóxicas se inmiscuyen en la vida privada de sus empleados. Bien sea tratando de que vivan según los valores predominantes en la empresa, bien sancionando o mostrando su rechazo a la forma en que alguien vive su vida, aun cuando su desempeño profesional no se vea afectado[13].

Curiosamente, en ocasiones esta intromisión pasa a ser todo lo contrario, transformándose en distanciamiento, cuando alguien tiene problemas personales que le afectan en el plano profesional. En situaciones así, las empresas tóxicas no muestran tolerancia ni comprensión, y exigen un rendimiento igual al que tenía la persona antes de verse afectada por sus problemas, alegando que *«no se deben traer los asuntos personales al trabajo»*.

Estas actitudes tóxicas de la organización provocarán en las personas desmotivación, falta de confianza y rechazo, que se acabarán traduciendo en actitudes como la conveniencia, la desidia o la mentira.

15. TEST DE TOXICIDAD LABORAL

«Hay veces que uno se arrepiente de enterarse de ciertas cosas».

Feliciano Franco de Urdinarrain

A continuación le propongo un test que tiene como objetivo que pueda hacerse una idea del nivel de toxicidad que percibe en su ambiente laboral.

En psicología, para que un test sea considerado como tal debe cumplir unos determinados requisitos: debe ser válido (medir exactamente lo que quiere medir) y fiable (debe medir lo que

---

[13] He conocido casos de empresas que prohibían a sus trabajadores que mantuvieran relaciones de amistad con ex empleados.

Otro ejemplo de intromisión en la vida privada es el de una empresa que exigió, por escrito, que sus empleados informaran a dónde tenían pensado viajar durante sus vacaciones.

pretende medir siempre que se aplique). Para asegurarse de que un test cumple estas propiedades, la psicometría (disciplina que se encarga de la medición de las variables psicológicas) somete a un test a una serie de comprobaciones mediante diferentes métodos y pruebas matemáticas.

Es necesario decir que el test que vamos a ver aquí no ha sido sometido a pruebas psicométricas. No era mi intención diseñar un test estandarizado para medir el ambiente laboral de una empresa, sino proporcionarle a cualquier lector una herramienta que le permita analizar mejor cómo percibe su ambiente laboral.

Nuestro test de toxicidad laboral consta de veinte cuestiones, que tienen como objetivo averiguar en qué medida una persona siente respetados sus derechos personales. Los resultados reflejarán una tendencia en su percepción, que le servirá para ser más consciente de en qué medida percibe toxicidad en el ambiente laboral de su empresa.

Reglas

—Anote en un papel cuál de las cuatro opciones de respuesta elige para cada pregunta.

—Para cada cuestión debe responder *Nunca*, *A veces*, *Frecuentemente* o *Siempre*. Por ejemplo, ante la cuestión número 1, *En mi trabajo las personas se tratan entre sí con respeto*, debe responder *Nunca* si las personas no se tratan entre sí con respeto en ningún momento, *A veces* si la norma es la falta de respeto pero hay algunas excepciones, *Frecuentemente* si lo normal es que haya respeto entre las personas a excepción de algún caso aislado, o *Siempre* si el cuidado al respeto personal en su empresa es absoluto.

—Cuando en alguna cuestión se utilizan las palabras *compañeros* o *personas*, en caso de que no se especifique más, se refieren a personas de cualquier puesto, departamento y nivel jerárquico dentro de una empresa.

—Las preguntas están redactadas en sentido general porque tratan de abarcar todas las opciones posibles. Piense en ejemplos concretos antes de contestar para que su respuesta sea lo más ajustada posible a la realidad.

—Las cuestiones se formulan siempre en positivo, de forma que la opción *Nunca* mostrará tendencia a un ambiente tóxico, y la opción *Siempre* la tendencia contraria, hacia un ambiente laboral sano. Tenga esto en cuenta especialmente en las preguntas 16, 19 y 20. La pregunta 16, por ejemplo, es *Siento que mi empresa exige un esfuerzo justo y no trata de «exprimir» a la gente.* La afirmación está en la primera parte de la frase, por lo que si contesta *Nunca* está diciendo que nunca siente que su empresa exige un esfuerzo justo a las personas.

—A la hora de hallar los resultados le será de utilidad tener a mano una calculadora para realizar unos sencillos cálculos matemáticos.

Test de toxicidad laboral

Lea cada cuestión con detenimiento y responda escogiendo, de las cuatro opciones disponibles, la que piensa que se más ajusta al ambiente laboral de su empresa.

1. En mi trabajo las personas se tratan entre sí con respeto.

   – *Nunca*
   – *A veces*
   – *Frecuentemente*
   – *Siempre*

2. En mi trabajo las personas se tratan entre sí con educación.

   – *Nunca*
   – *A veces*
   – *Frecuentemente*
   – *Siempre*

3. En mi empresa la dignidad de las personas es respetada.

   – *Nunca*
   – *A veces*
   – *Frecuentemente*
   – *Siempre*

4. La empresa respeta los valores y principios de sus empleados.

   – *Nunca*
   – *A veces*
   – *Frecuentemente*
   – *Siempre*

5. Me puedo negar a hacer algo si va en contra de mis principios personales.

   – *Nunca*
   – *A veces*
   – *Frecuentemente*
   – *Siempre*

6. La empresa acepta sugerencias sobre la empresa y el trabajo.

   – *Nunca*
   – *A veces*
   – *Frecuentemente*
   – *Siempre*

7. Podemos decir lo que pensamos sobre la organización, los procedimientos de trabajo y las personas.

   – *Nunca*
   – *A veces*
   – *Frecuentemente*
   – *Siempre*

8. Creo que mi empresa me informará antes de tomar decisiones que me afecten, como quejas de otras personas, mi rendimiento o la estabilidad de mi puesto.

   – *Nunca*
   – *A veces*
   – *Frecuentemente*
   – *Siempre*

9. Creo que mi empresa me dirá la verdad en cuanto a los objetivos de mi trabajo y las cuestiones que me afecten.

– Nunca
– A veces
– Frecuentemente
– Siempre

10. Si alguien tiene un problema o una sugerencia lo puede comunicar a la empresa.

   – Nunca
   – A veces
   – Frecuentemente
   – Siempre

11. Si alguien tiene dudas sobre cómo hacer algo puede apoyarse en los compañeros.

   – Nunca
   – A veces
   – Frecuentemente
   – Siempre

12. Disponemos del tiempo necesario para hacer el trabajo. Las cosas no son «para ayer».

   – Nunca
   – A veces
   – Frecuentemente
   – Siempre

13. Mi empresa entiende que las personas a veces cometen errores.

   – Nunca
   – A veces
   – Frecuentemente
   – Siempre

14. Todos somos iguales y nadie recibe un trato privilegiado.

   – Nunca
   – A veces

– *Frecuentemente*
– *Siempre*

15. Tenemos la formación y los medios adecuados para desempeñar las tareas que se nos asignan.

– *Nunca*
– *A veces*
– *Frecuentemente*
– *Siempre*

16. Siento que mi empresa exige un esfuerzo justo y no trata de «exprimir» a la gente.

– *Nunca*
– *A veces*
– *Frecuentemente*
– *Siempre*

17. Se potencia el desarrollo profesional con recompensas y ascensos.

– *Nunca*
– *A veces*
– *Frecuentemente*
– *Siempre*

18. En mi empresa entienden que las personas pueden tener problemas personales.

– *Nunca*
– *A veces*
– *Frecuentemente*
– *Siempre*

19. Se respeta la vida privada y no circulan rumores y chismes sobre las personas.

– *Nunca*
– *A veces*
– *Frecuentemente*
– *Siempre*

20. Dispongo como quiero de mi tiempo libre y no me siento obligado a asistir a eventos organizados por la empresa fuera del tiempo de trabajo.

– *Nunca*
– *A veces*
– *Frecuentemente*
– *Siempre*

Corrección

Una vez contestado el test, es hora de averiguar los resultados utilizando la tabla de corrección. Siga las instrucciones que se indican en este apartado para cumplimentarla.

Tabla de corrección.

Opciones	Respuestas	Multiplicar por	Resultado
Nunca		10	
A veces		7,5	
Frecuentemente		5	
Siempre		2,5	
		TOTAL:	

— En la columna 2, *Respuestas*, anote el número de veces que ha utilizado cada una de las posibles opciones. Por ejemplo, si ha respondido *Nunca* en cuatro ocasiones, ponga *4* en la primera fila vacía de la columna 2.

— En columna 4, *Resultado*, anote el resultado de multiplicar el número que ha puesto en la columna 2 (*Respuestas*) por las cifras que están en la columna 3, *Multiplicar por*. Por ejemplo, si en la columna 2 había marcado *4* para la opción *Nunca*, deberá multiplicarlo por 10 y anotar el resultado en la columna 4. Es decir, 4 x 10= 40, por lo que deberá anotar *40* en la primera fila vacía de la columna 4.

— A continuación, sume todos los valores de la columna 4, y anótelos en la celda *TOTAL*.

—Por último, marque el resultado en la siguiente gráfica y verá cuál es el grado aproximado de toxicidad que percibe en su ambiente laboral.

Gráfica para resultados del test de toxicidad laboral.

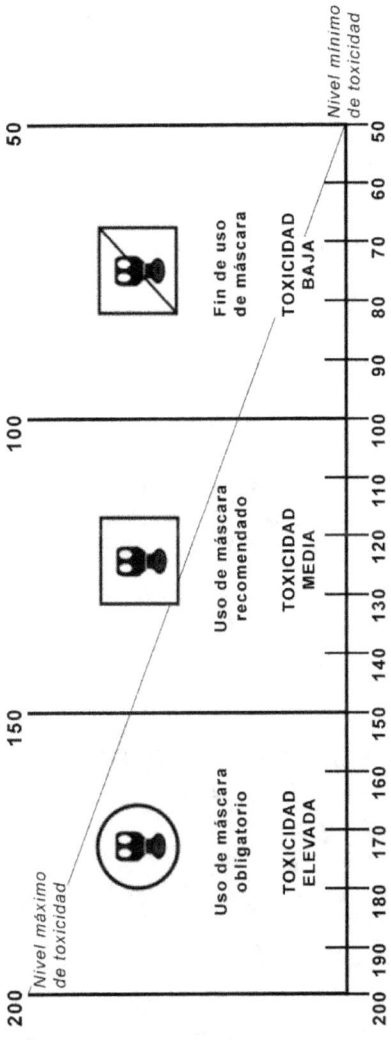

Resultados

Tenga en cuenta que, excepto los resultados más cercanos al nivel mínimo de toxicidad, prácticamente el resto de los valores reflejan que existe toxicidad en el ambiente, algo que ninguna empresa debería permitir y que, como veremos en la tercera parte del libro, a partir de ciertos niveles tiene importantes consecuencias sobre la salud psicológica y física de las personas.

Recuerde que los resultados muestran una tendencia. El valor máximo que puede dar el test es 200, que representará la máxima toxicidad posible, y el valor mínimo es 50, que significará la ausencia de toxicidad[14].

– **Toxicidad elevada.** Valores entre 200 y 151. Estos valores quieren decir que usted percibe que la mayor parte de sus derechos personales son vulnerados continuamente por su empresa. El nivel de sufrimiento personal en estas condiciones es muy alto, y las probabilidades de consecuencias en la salud psicológica y física son elevadas.

– **Toxicidad media.** Valores entre 150 y 100. Si el resultado oscila entre estas cantidades, el ambiente laboral en el que trabaja tendrá para usted una toxicidad media. No se deje engañar por la expresión toxicidad media. Este nivel de toxicidad es igualmente muy perjudicial y supone también un importante nivel de sufrimiento personal. Según el valor en que se sitúe su resultado, querrá decir que en torno al 50 % de sus derechos no son respetados frecuentemente.

– **Toxicidad baja.** Valores por debajo de 100. En este caso el nivel de toxicidad del ambiente en el que trabaja será bajo. Ocasionalmente percibe que se vulneran algunos de sus derechos personales, lo que le causa desgaste e insatisfacción laboral. Cuanto más se acerque su resultado al nivel mínimo de toxicidad con

---

[14] La ausencia de toxicidad está representada por 50 en lugar de por 0 porque asumo que en una empresa la persona debe hacer unas mínimas concesiones individuales para adaptarse, pasando por alto algunas situaciones puntuales que pueden no gustarle pero que no suponen vulneración de sus derechos personales ni percepción de toxicidad.

menor frecuencia sentirá atacada su integridad y más soportable será el ambiente laboral.

16. ESTRATEGIAS DE ATAQUE TÓXICAS

«Quienes creen que el dinero lo hace todo, terminan haciendo todo por dinero».

Voltaire

En una empresa con un ambiente laboral tóxico, en ocasiones las personas se «rebelan» y deciden llamar la atención sobre actitudes tóxicas de otras personas, procedimientos de trabajo erróneos o formas de organización que atacan su integridad.

Cuando se da tensión entre una empresa con un ambiente laboral tóxico y una persona que quiere mantener su integridad personal, puede estallar un conflicto entre ambas partes, porque la persona decide oponerse abierta y frontalmente al ambiente. Esto suele ocurrir entre empresas con una elevada toxicidad y personas con una gran fortaleza de personalidad, que valoran su integridad por encima de cualquier recompensa laboral, económica o de aceptación social.

Si una persona se enfrenta a un sistema tóxico, lo normal es que el sistema reaccione con virulencia y hostilidad.

En el hipotético caso de una persona que se sintiera agredida por una actitud nuestra, con facilidad percibiríamos en ella hostilidad y reacciones emocionales intensas, pero en el caso de una empresa, sus reacciones, en apariencia, serán frías, poco precipitadas y se prolongarán en el tiempo. Como hemos señalado en la primera parte del libro, una de las características de la personalidad de una empresa es que es insensible, o sea que no tiene emociones, por lo que sus estrategias defensivas o de ataque no se pueden comparar con las de un ser humano.

Pero esto no debe hacer que perdamos de vista lo agresivas que pueden llegar a ser las reacciones tóxicas de una empresa, y que el objetivo de estas reacciones es atacar a la persona que se le ha opuesto con el objetivo de doblegar su personalidad y que se adapte al ambiente tóxico.

Si, debido a sus principios personales, una persona se opone a un sistema tóxico, recibirá por parte del sistema actitudes y comportamientos de incomprensión, marginación y aislamiento. En casos extremos, incluso se puede llegar a sufrir lo que se conoce como mobbing (medidas de presión abusivas por parte de la empresa para forzar a una persona a presentar su renuncia).

Los siguientes son algunos de los procedimientos de ataque que un sistema tóxico puede usar contra una persona que se le oponga.

Estrategias de ataque

Una vez que alguien se sale un poco de la fila en un sistema tóxico, comienzan los ataques. No es fácil distinguirlos, ya que lo normal es que estén siempre envueltos en buenas palabras y en largas justificaciones. Rara vez se producirán enfrentamientos directos entre los defensores del sistema y la persona discordante, por lo que los ataques estarán ocultos en procedimientos indirectos. Estos son algunos de ellos:

— Cambio de puesto y de tareas no justificado por su productividad ni por necesidades de organización.

— Rumores: *«no es un jugador de equipo»*; *«es raro»*; *«tiene un carácter difícil»*; *«tiene un sentido de la justicia muy elevado»*…

— Cuestionamiento de su capacidad profesional. Este tipo de ataques es consecuencia del anterior. Se intenta buscar un pretexto para la marginación de la persona, por lo que se trata de cuestionar, de diferentes formas, su capacidad para realizar el trabajo que se le ha encomendado.

— Ignorar sugerencias, necesidades y peticiones, mientras que si provienen de otras personas sí se atienden, vulnerándose así el derecho a que se trate a todos los empleados por igual.

— Marginación. Los propios compañeros, sobre todo aquellos en los que predominen actitudes de miedo, sumisión o conveniencia, se apartarán de una persona que se enfrente a la empresa, aunque en su fuero interno consideren injusta la situación. Este comportamiento no estará dictado por la empresa sino, una vez más, por el miedo de las personas a sanciones, castigos y consecuencias imaginadas.

— Búsqueda de errores en el trabajo realizado. Si hay una cultura del error, la empresa la aprovechará para buscar cualquier fallo que permita justificar los ataques tóxicos en forma de medidas correctivas causadas por «baja productividad».

— Culpabilizar. Si se encuentran errores en el trabajo realizado, se exagerarán sus consecuencias (algo a lo que de por sí ya tiende un sistema tóxico). No se hará a la persona responsable de sus errores, se la hará *culpable*.

— Negación de opciones de desarrollo profesional. A pesar de que muestre una capacidad profesional suficiente, otras personas serán promocionadas en lugar de quien se oponga al ambiente tóxico. Una de las justificaciones que se dará para esto, en caso de que no se pueda negar su capacidad profesional, es que *«no sabe tratar con otras personas»*.

— Intromisión en la vida privada. Se extenderán rumores sobre su forma de vida, sus compañías, etc. En estos rumores colaborarán, con mayor o menor intención, compañeros con actitudes tóxicas.

— Aislamiento. La empresa puede buscarle un puesto en donde no tenga cerca a otras personas con las que hablar.

— Calumnias respecto a su productividad, llegando incluso a falsificar u ocultar datos sobre su desempeño profesional real.

— Mobbing. El *mobbing* consiste en una serie de estrategias intencionadas y sistemáticas que tienen la intención de castigar psicológicamente a una persona determinada para conseguir que abandone la empresa.

Algunas de las estrategias de mobbing pueden ser las que acabamos de ver en este apartado. La diferencia entre las estrategias de ataque tóxicas y las de mobbing es que las segundas se usarán con una mayor intencionalidad, lo que implica mayor agresividad, y se centrarán en una persona en concreto, mientras que las primeras serán reacciones del sistema contra cualquier persona que se rebele, para que ceda y acepte la toxicidad del sistema organizacional.

Así, además de las que ya hemos mencionado, algunas estrategias propias del mobbing son:

— Impedir expresar opiniones y necesidades.
— Insultos.
— Provocaciones.
— Amenazas.
— Ridiculización y burlas.
— Prohibición a los demás de relacionarse con la persona objeto del mobbing.
— Acoso psicológico y físico.
— Ignorar problemas de salud.
— Negar períodos de descanso.
— Sobrecarga de trabajo. Y lo contrario, no dar ninguna tarea en absoluto para desgastar a la persona psicológicamente con la ociosidad.
— Controles ilegales de sus comunicaciones profesionales.
— Alteración del trabajo realizado para desacreditar profesionalmente.
— Dar informaciones equivocadas intencionadamente para que se cometan errores.

PARTE III:
HISTORIA DE UNA VISIÓN

17. HISTORIA DE UNA VISIÓN

> «Si respetas la importancia de tu trabajo, este, probablemente, te devolverá el favor».
>
> Mark Twain

A principios del siglo XX Gran Bretaña sufría una grave crisis económica, que provocaba insostenibles niveles de desempleo y una pérdida de confianza generalizada en las instituciones de gobierno por parte de la ciudadanía.

Como medida para combatir la crisis, en 1910 se pusieron en marcha los Job Centres por iniciativa de Winston Churchill, que por aquel entonces formaba parte del gobierno británico[15]. En la oficina presidida por Churchill habían llegado a la conclusión de que en el desempleo no influía tanto la desidia de los desempleados a la hora de buscar trabajo como un mal funcionamiento de los servicios de empleo, debido a una falta de organización y unos inadecuados procedimientos de trabajo. Entendieron que debían facilitar el contacto entre desempleados y empleadores. Para ello idearon una nueva forma de gestión pública de las ofertas y demandas de empleo: los Job Centres.

Los Job Centres cambiaron radicalmente la forma en que desempleados y empleadores se relacionaban. Pasaron a ser el punto de encuentro entre quien buscaba y quien ofrecía un trabajo. Un desempleado no tenía que recorrer una ciudad día tras día para

---

[15] Winston Churchill ocupaba en esa época el cargo de President of the Board of Trade, puesto que actualmente se conoce como Secretary of State for Business, Innovation and Skills.

encontrar trabajo o depender de algún conocido: solamente tenía que acudir a un Job Centre. El personal de los Job Centres centraba su esfuerzo en captar ofertas de trabajo y trasladarlas eficazmente a los desempleados, además de intermediar rápida y directamente con el empleador. El éxito fue rotundo.

El día en que se abrió el primer Job Centre en Londres se formó una cola de 600 personas. Churchill dijo acerca de ellos: *«Son una parte del mecanismo social y creo que son absolutamente esenciales para cualquier comunidad bien gobernada».*

Durante las épocas de crisis o recesión en Gran Bretaña, los Job Centres fueron muy importantes para mantener engrasado el mercado laboral, no permitiendo que las crisis económicas se extendieran a la ciudadanía en forma de crisis morales, de motivación o de mala imagen de las instituciones públicas, ayudando así a mantener la confianza en el sistema de gobierno y la paz social.

En la actualidad hay en torno a 750 Job Centres en Gran Bretaña. Tramitan unas 10.000 ofertas de empleo al día y reciben alrededor de 81.000 llamadas telefónicas diarias. Su color representativo es el verde, porque representa el color de la esperanza, tan importante para las personas que se han visto desplazadas fuera del círculo productivo de la sociedad.

La *organización* y los *procedimientos* influyen en las *personas*. Originan en ellas conductas y formas de relacionarse que crean o resuelven problemas. Churchill se dio cuenta de esto, y organizando a las personas y los procedimientos de trabajo de una nueva forma, logró excelentes resultados y consiguió que un ambiente tóxico no se apoderara de la sociedad británica cuando atravesaba unas duras circunstancias económicas. Gracias a su visión, los Job Centres son aún hoy en día un ejemplo de eficacia y buena gestión.

18. CONSECUENCIAS PERSONALES DE UN AMBIENTE LABORAL TÓXICO

«Encuentra la felicidad en el trabajo o no serás feliz».
Cristóbal Colón

Trabajar en un ambiente tóxico tiene consecuencias negativas sobre las personas. A la primera de ellas nos hemos referido varias veces a lo largo del libro, que es que se produzca en ellas un cambio psicológico y desarrollen actitudes tóxicas, contrarias incluso a su personalidad y escala de valores.

Pero hay otras consecuencias, no menos importantes, que afectan directamente a la salud psicológica e incluso física de las personas que trabajan inmersas en un ambiente tóxico.

Estado de ánimo deprimido

Al no poder expresar su personalidad, muchas personas empiezan a caer en un estado de ánimo deprimido. Muestran apatía, desmotivación y deseos de dejar el trabajo. Se sienten atrapadas en un ambiente que las oprime y limita su forma de ser, por lo que terminan sintiéndose indefensas.

En algunos casos, el ambiente laboral tóxico, por sí sólo, o junto con otros factores, puede acabar sumiendo a las personas en una depresión clínica.

Trastornos del sueño

Con frecuencia las personas, preocupadas por la negatividad de las relaciones en el trabajo y por los circuitos tóxicos en los que pueden caer en cualquier momento, tienen preocupaciones recurrentes durante todo el tiempo, lo que les acaba pasando factura a la hora de conciliar el sueño.

Es normal que a personas afectadas por la toxicidad de un ambiente laboral les resulte difícil quedarse dormidas, se despierten con frecuencia durante la noche o que la tensión acumulada no les permita descansar aunque logren dormir, y que se levanten muchas mañanas con sensación de cansancio.

Trastornos de memoria y concentración

Debido a la tensión y la preocupación, algunas personas pueden mostrar tendencia al olvido y dificultad en concentrarse en las diferentes tareas que desempeñan a lo largo del día. Esto tendrá consecuencias en su vida personal (conducir, recordar citas, fechas u obligaciones) pero también les afectará a nivel profesional, a la calidad de su trabajo, lo que a su vez será sancionado por la cultura del error del ambiente tóxico en el que trabajan, creando así un círculo o circuito tóxico que será una fuente constante de problemas personas y profesionales.

Conductas de riesgo

Algunas personas que trabajan en ambientes laborales tóxicos muestran elevados niveles de sufrimiento personal, hasta el punto de que pueden llegar a desarrollar lo que se conoce como conductas de riesgo.

Conductas de riesgo es una expresión que se utiliza para calificar aquellas conductas que ponen en riesgo la salud de una persona: consumo excesivo de bebidas alcohólicas, fumar compulsivamente, consumo de drogas, conducción temeraria o tendencia a las adicciones, son algunas de ellas.

Irritabilidad y agresividad

Las personas contagiadas por la toxicidad laboral pueden tener tendencia a la irritabilidad. Se enfadarán con facilidad, y situaciones que en otras circunstancias no les afectarían, les pueden provocar disgusto, malestar e incluso agresividad, haciendo que reaccionen de forma exagerada. Por ejemplo, enfadarse mucho por una infracción leve de alguna norma social o legal, como que alguien fume en un lugar prohibido, que alguien llegue tarde o que alguien no entienda al momento una explicación que se le da.

Síntomas psicosomáticos

Como consecuencia de no ser capaces de encontrar la forma de adaptarse a un ambiente laboral tóxico, algunas personas pueden desarrollar síntomas y trastornos psicosomáticos, es decir convertir la tensión psicológica en sensaciones y problemas físicos.

Picores, dolores leves en distintas partes del cuerpo, cefaleas, opresión en el pecho, pérdida de apetito, sensaciones de hormigueo en la piel y molestias físicas de distintos tipos son ejemplos de síntomas psicosomáticos.

Tensión muscular

La tensión psicológica se puede traducir también en tensión muscular. Contracciones musculares, grupos de músculos tensos o dolorosas posturas que duran días son algunas de las formas en las que las personas sentimos muscularmente el estrés.

Enfermedades infecciosas

Cuando las personas se encuentran sometidas a una excesiva tensión por trabajar en un ambiente tóxico, su sistema inmunológico, el encargado de las defensas naturales contra virus y bacterias, puede debilitarse, lo que hará que sean más propensas a contraer enfermedades víricas e infecciosas, como resfriados, catarros, gripes o neumonías.

Muchas empresas deberían prestar más atención a la cantidad de absentismo que se produce por este tipo de causas, porque les daría una medida de hasta qué punto sus empleados perciben toxicidad en el ambiente de trabajo.

Afectividad negativa

La toxicidad ataca no solo el estado de ánimo, sino también la capacidad de las personas para sentir emociones positivas.

Las personas contagiadas por la toxicidad pueden sentirse vacías e incapaces de mostrar afecto en forma de amor o amistad. Sus relaciones personales se resentirán y la apatía y la amargura dominarán su mundo emocional, impidiéndoles disfrutar de la amplia gama de registros emocionales y sentimentales que es capaz de experimentar el ser humano.

Preocupaciones recurrentes e inseguridades

Al mencionar los trastornos del sueño, hemos hablado ya de las preocupaciones recurrentes. Son pensamientos de preocupación constante que no sirven para llegar a la solución de ninguna situación, y que acaban expresándose no solo en trastornos del sueño, sino también en inseguridades de todo tipo que llegan a incapacitar a las personas a la hora de tomar decisiones.

Trastornos cardiovasculares

La continua tensión provocada por el ambiente laboral puede desembocar en trastornos cardiovasculares, que son una de las principales causas de muerte en las sociedades desarrolladas.

El estrés laboral, junto con un estilo de vida poco saludable, lleva a muchas personas a padecer enfermedades del corazón.

Ansiedad

La ansiedad es la respuesta emocional y psicológica a la tensión. Es la base de múltiples trastornos psicológicos, como las fobias, los trastornos obsesivos compulsivos y los trastornos de ansiedad generalizada.

La ansiedad condiciona la forma en que las personas perciben la realidad, y está considerada como uno de los grandes males de las sociedades desarrolladas.

Los ambientes laborales tóxicos contribuyen, y mucho, a que las personas desarrollen trastornos derivados de la ansiedad.

Todos estos síntomas y trastornos pueden revestir distinta gravedad, y en casos extremos pueden ocasionar graves problemas de salud.

Pero aunque no se llegue a desarrollar ninguna enfermedad, lo normal es que cualquier persona que haya trabajado en un ambiente tóxico reconozca que esa experiencia la dejó tocada, cambiando su visión del mundo y de las personas, volviéndose más negativa, con unas expectativas más pesimistas sobre casi cualquier situación y perdiendo capacidad de disfrutar de las cosas buenas de la vida.

Las consecuencias personales acaban teniendo también consecuencias en la empresa: altos niveles de absentismo laboral, bajas por ansiedad, depresión u otras causas psicológicas, bajas continuas por enfermedades físicas leves o actitudes tóxicas son algunas de las consecuencias concretas y reales a las que se tiene que enfrentar una empresa por no saber manejar el ambiente laboral.

19. CÓMO SOBREVIVIR EN UN AMBIENTE LABORAL TÓXICO

«No por ser muchos encontraréis la verdad, ni ahogaréis la razón porque gritéis unidos».

Rabindranath Tagore

«En tu lucha contra el resto del mundo, te aconsejo que te pongas del lado del resto del mundo».

Franz Kafka

Son varias las fases por las que pasa una persona cuando *choca* con un ambiente laboral tóxico. Estas fases se pueden dar tanto cuando alguien se incorpora a una empresa con un ambiente tóxico, como cuando ya lleva tiempo en la empresa, pero hasta ese momento no había sido afectada por la toxicidad al no verse envuelta en ningún circuito tóxico o situación de conflicto.

19.1. FASES DE CONTAGIO

Podemos establecer cuatro fases para describir el proceso de contagio de la toxicidad del ambiente laboral. Habrá diferencias individuales, pero, de forma general, lo normal es que cualquier persona que haya experimentado la toxicidad de un ambiente laboral, vea reconocidos en estas fases algunos de los procesos psicológicos y emocionales por lo que ha pasado.

Primera fase: sorpresa

En un primer momento, una persona se verá sorprendida por la situación y le parecerá extraño que eso esté ocurriendo, debido a la diferencia que hay entre esa situación y el resto de situaciones normales de su vida. Por ejemplo, escuchar a otra persona no tratarla con respeto o caer en un circuito tóxico, en el que se la culpe por un error que se ve claramente que está causado por un procedimiento de trabajo poco válido.

En esta fase la persona no se da cuenta de la gravedad que puede tener la situación para ella, y tiende a intentar restarle importancia pensando que se trata de algo puntual y pasajero.

Segunda fase: conflicto

La persona se da cuenta de que la situación de la fase anterior no es puntual y que se mantiene en el tiempo, bien porque aún duran sus efectos, bien porque empiezan a repetirse situaciones similares.

En esta fase es cuando puede empezar a notar en su salud los primeros efectos de la toxicidad (preocupaciones recurrentes, trastornos del sueño o síntomas de ansiedad, por ejemplo). Las quejas sobre su empresa a sus amigos y familias comienzan a ser frecuentes. Se queja continuamente de las situaciones que se dan en su trabajo y las califica como «fuera de lo normal». Comienza a cambiar su forma de percibir el ambiente laboral y cómo debe actuar en él. Nota que su integridad personal está siendo atacada y empieza a ser consciente de la toxicidad del ambiente.

Tercera fase: afrontamiento

La persona se defiende contra la toxicidad. Se resiste a ser contagiada y empieza a buscar y probar estrategias para conseguir una mejor adaptación. Intenta distintas soluciones, como buscar apoyo de compañeros, denuncia de determinadas situaciones ante superiores o enfrentamientos directos. Pero cuanto más elevada sea la toxicidad del ambiente, más normal será que no tenga éxito.

La duración de esta fase va a depender de la fortaleza de su personalidad, que determinará cuánto es capaz de resistirse a ser contagiada.

Cuarta fase: resolución

En esta fase, la persona, afectada ya por la toxicidad del ambiente, llega a un acuerdo, más o menos consciente, consigo misma. Decide hasta qué punto se deja influir en su personalidad por la toxicidad. En este momento puede llegar a varias conclusiones:

— Enfrentarse al sistema tóxico, sea cual sea el precio que tenga que pagar. Como consecuencia de esta actitud, con el paso del tiempo es posible que empiece a pensar en renunciar al trabajo.

— Decidir que no merece la pena enfrentarse con el ambiente. En este caso, se dejará llevar. Tratará de colaborar lo menos posible con el ambiente pero no se enfrentará a él. Lo normal es que se aísle de los demás y su nivel de implicación, compromiso y rendimiento desciendan.

— Ignorar el sistema tóxico. Tratará de cumplir con su trabajo el mínimo necesario para no llamar la atención por bajo rendimiento, y tratará de autoconvencerse de que su verdadera vida está fuera de la empresa. Se volcará con su familia, amigos y demás círculos de apoyo para poder expresar su personalidad.

— Colaborar con el sistema. Se dirá que si esas son las reglas, así es como va a jugar. Abrirá del todo las puertas a la toxicidad y será un agente activo de contagio. En esta situación, lo normal es que no se dé cuenta del precio que tendrá que pagar por la pérdida de su integridad. Con el paso del tiempo, puede llegar a desarrollar hasta el extremo algunas de las actitudes tóxicas que hemos visto.

En la fase de resolución es en la que se desarrollan las actitudes tóxicas en una persona. Qué actitudes sean dependerá de sus rasgos de personalidad y de a qué tipo de conclusión llegue.

19.2. CÓMO SOBREVIVIR EN UN AMBIENTE LABORAL TÓXICO

Una vez que conocemos las fases de contagio de la toxicidad, vamos a ver qué podemos hacer para adaptarnos al ambiente sin ser contagiados.

A continuación, explicaré una serie de reglas y formas de actuación que se pueden utilizar tanto para prevenir como para combatir la toxicidad, usando unas estrategias de adaptación que impiden que nuestra personalidad pierda integridad. Aplicando estas reglas podremos evitar o reducir el impacto negativo que tiene trabajar en un ambiente tóxico, consiguiendo no pasar por las fases de contagio y evitar el sufrimiento personal que conlleva cada una de ellas.

Indicaré las reglas más adecuadas para evitar la toxicidad en cada uno de los tres factores del ambiente laboral. Cuando una regla se refiera a los tres factores, la incluiré en el factor organización por ser el más determinante en el ambiente laboral de una empresa.

De todas las que se enumeran, escoja aquellas que piense que son de mejor aplicación para su personalidad y para el ambiente en el que trabaja.

Describiré las reglas a un nivel general. Algunas de ellas podrían explicarse con más rigor y describir cómo llevarlas a la práctica con más detalle. Sin embargo, eso haría el libro demasiado extenso y técnico. Utilice sus propios recursos personales para ponerlas en práctica con éxito.

Factor personas

1. Aprenda y acostúmbrese a *reconocer* las actitudes tóxicas de las personas, aun con aquellas con las que tenga buena relación. No debe dejar de tener relación con ellas, pero sí debe elevar su nivel de alerta. Recuerde: mantenga una actitud de comprensión vigilante. Acepte que en cualquier momento puede empezar a ser objetivo de actitudes tóxicas. No piense que los demás tienen por usted un aprecio especial que le proporciona cierta clase de «inmunidad».

2. Reflexione y trate de *entender* por qué las personas se comportan de forma tóxica. Acepte que se trata de actitudes defensivas ante la toxicidad y no se deje llevar por la idea de que es por algo personal contra usted. No responda a las actitudes tóxicas con más actitudes tóxicas.

3. Dedique, cada cierto tiempo, algunos momentos para reflexionar y *analizar* a las personas de su empresa y sus actitudes. Así aprenderá a reconocer las actitudes tóxicas. Es fácil reconocer la hostilidad o la desidia, pero no lo es tanto reconocer la sumisión o el miedo, que se pueden dar en personas de gran bondad, pero que no por eso dejarán de ser, por su capacidad de contagio, peligrosas para usted.

4. No *intime* ni se implique personalmente demasiado con personas en las que perciba actitudes tóxicas. Eso solo le hará perder perspectiva y aumentará las posibilidades de contagio. Mantenga una actitud amable pero firme y con la *distancia personal adecuada*. La distancia adecuada será aquella en la que usted sienta que su integridad no está siendo atacada.

5. Con las personas tóxicas mantenga *relaciones honestas* pero superficiales. No renuncie a mostrarse como es, pero trate de no entrar en conflictos estériles que no le aportarán ningún beneficio.

6. *No evite* a las personas con actitudes tóxicas. Para algunas de ellas, eso supondría una señal de que deben ser hostiles con usted. Tenga un trato correcto, pero mantenga la distancia personal adecuada.

7. Piénselo dos veces antes de entrar en una *guerra* con personas tóxicas. Asegúrese de que la causa merece la pena. Valore bien las consecuencias. Pero esto no significa que si es objeto de actitudes hostiles o dominantes deba mostrar sumisión. En esos casos, trate de hacerles ver su disposición, si es necesario, a defender su integridad.

8. Mientras no conozca bien a las personas, *vigile* su forma de expresarse tanto a nivel verbal como no verbal. Evite expresiones negativas o críticas a compañeros o hacia la empresa. Tenga en cuenta que puede haber muchas personas afectadas por la toxicidad, que tenderán a percibir negativamente casi todo, por lo

que si usted aporta negatividad a su relación con ellos, estos la multiplicarán. Use una forma de expresarse moderada y positiva, pero sin caer en un entusiasmo forzado.

9. *Planifique* con antelación sus movimientos en el curso de sus relaciones con sus compañeros. Acostúmbrese a destinar tiempo para pensar en situaciones con personas y con la empresa y en cuál será su forma de afrontarlas. De esta manera evitará dudas y sorpresas.

10. *No confunda* la forma en que las personas actúan en un ambiente tóxico con la forma correcta de actuar en otros ambientes y situaciones.

11. *No se margine.* Busque relaciones de cierta confianza con algunas personas que usted considere adecuadas. Si no quiere, no tienen por qué ser de amistad, pero sí pueden estar basadas en un cierto grado de confianza. Todos necesitamos tener relaciones personales, por lo que no debemos evitar tenerlas también en el ambiente de trabajo, por muy tóxico que este sea.

12. Sea *honesto* al decir lo que piensa o siente. Pero dígalo sin que sea de forma agresiva, tratando de no herir los sentimientos de los demás.

13. *No colabore* con la toxicidad. No adopte actitudes tóxicas para relacionarse con otras personas.

Factor procedimientos de trabajo

14. Aprenda a *reconocer* procedimientos de trabajo tóxicos.

15. Fíjese si en su empresa hay una cultura del error, y trate de *llamar la atención* sobre procedimientos erróneos antes de que le lleven a cometer fallos y estos se vuelvan contra usted. Esta llamada de atención hágala sin mostrar urgencia o disgusto. Debe hacerla a las personas adecuadas dentro de la cadena jerárquica, y con un tono de aportación constructiva, más que de crítica.

16. No cometa *ilegalidades* al aplicar los procedimientos de trabajo.

17. Antes de intentar *subsanar personalmente* las deficiencias de los procedimientos de trabajo (llevarse trabajo para casa, dedicar horas extra, hacer sobreesfuerzos), valore si le compensa. En un ambiente tóxico existe la posibilidad de que la empresa no se lo reconozca, y si existe una cultura del error le pueden acabar responsabilizando de los errores cometidos. Fíjese si otras personas lo hacen, ya que en ocasiones, en empresas con elevados niveles de toxicidad, no se supervisa la productividad, por lo que los esfuerzos resultan estériles, primero porque no se reconocen, y segundo porque no alteran el curso hacia la quiebra empresarial a la que lleva esta ausencia de procedimientos de control válidos.

18. Si depende de usted *diseñar* procedimientos de trabajo, trate de que sean claros, tenga en cuenta la opinión de las personas que los usan para mejorarlos y establezca un método que permita evaluarlos cada cierto tiempo.

19. Intente hacer su trabajo *lo mejor posible*, ajustándose al tiempo y a los medios que le dan. Para una empresa tóxica, eso suele ser suficiente, ya que ni reconoce ni busca la excelencia en el trabajo.

Factor organización

20. No se deje intimidar ni tenga *miedo*. Ni por personas, ni por procedimientos de trabajo ni por la organización.

21. Con antelación, márquese los *límites de su integridad*. Prevea con tiempo suficiente qué hará cuando personas o empresa intenten sobrepasar los límites que se ha marcado.

Establezca unos pasos a seguir ante las situaciones tóxicas:

— Vigilancia: estar alerta ante amenazas a su integridad por parte del ambiente laboral.
— Alarma: saber reconocer los primeros signos de un ataque tóxico.
— Medidas de primer nivel: ponga en práctica medidas de perfil bajo, no agresivas, para contrarrestar ataques tóxicos pero sin ocasionar conflictos.
— Medidas de segundo nivel: recurra a medidas más firmes y evidentes para defenderse ante los ataques.

—Soluciones drásticas: plantéese que haría en un conflicto abierto con la empresa (denuncias, dimisión…) para conseguir salvaguardar su integridad. Debe llegar a ellas solo en casos extremos y por decisión personal, ya que este tipo de medidas no son para adaptarse al ambiente. Aunque no deseadas, es aconsejable que las valore para que no tenga dudas y preocupaciones en situaciones de conflicto causadas por el ambiente tóxico.

22. Reflexione acerca de cuáles serán las *consecuencias* de situaciones de conflicto, y analice si es capaz de aceptar todas las consecuencias posibles. Esto le ayudará a saber cuáles son sus límites.

23. Mantenga la integridad y *valores éticos* sobre cosas en las que cree. Le será más fácil manejar situaciones problemáticas si tiene claro cuáles son sus valores antes de que este tipo de situaciones se produzcan.

24. No adopte *actitudes rígidas.* Trate de tener una actitud flexible, en el sentido de ser capaz de aceptar cosas que no le gusten siempre y cuando no se superen los límites personales que se ha marcado para mantener su integridad.

25. No tenga miedo por situaciones que *no se han dado.*

26. Utilice los recursos que la empresa pone a su disposición para hacer *aportaciones o sugerencias.*

27. No baje el *rendimiento* y la calidad de su trabajo.

28. Adopte *expectativas realistas* sobre su trabajo y su empresa.

29. No trate de *cambiar* usted sólo toda la cultura organizacional.

30. Trate de *aprender* de todas las situaciones. Debe intentar fijarse en cuáles son las reglas que subyacen a cada situación. Así irá viendo cómo es el factor de organización de su empresa, que suele ser el más difícil de percibir.

31. Acepte que si trabaja en un ambiente tóxico pasará por *momentos difíciles.*

32. Trate de *relativizar* los malos momentos y darles el sitio que les corresponde en su vida. El trabajo es importante, pero usted es más que su trabajo y con quien trabaja.

33. El ambiente laboral tiene mucha fuerza. Admita *pequeñas derrota*s siempre y cuando su integridad personal no resulte dañada. Estas situaciones se van a dar. El ambiente no cambiará por usted.

34. En situaciones de conflicto, si cree que tiene la razón, no ceda completamente pero admita s*oluciones de consenso*.

35. Trate de *desconectar* fuera del trabajo. Intente no llevar la toxicidad a otros ambientes. A pesar de que puede hablar y comentar sus problemas de trabajo, no deje que monopolicen su vida. Tiene otras facetas que atender y cuidar.

36. No se aísle. Ante la toxicidad del ambiente no se automargine. Busque *apoyo* dentro y fuera del trabajo.

20. RESPONSABILIDAD

«Todas las personas tienen la disposición de trabajar creativamente. Lo que sucede es que la mayoría jamás lo nota».

Truman Capote

Hace un tiempo decidí acudir a una charla que el servicio de orientación laboral de una conocida universidad daba a sus alumnos recién titulados. Mi interés era conocer qué se les decía y qué consejos se les daban acerca de las empresas y del mercado laboral.

En la presentación, la persona encargada de impartir la charla explicó que llevaba catorce años trabajando para el servicio de orientación laboral de la universidad. Más adelante, durante su exposición, a la hora de hablar sobre los criterios que las empresas utilizan para seleccionar a las personas, dijo, y por el tono de sus palabras me pareció que compartía el argumento, que las empresas no quieren a trabajadores con demasiada experiencia porque están «*viciados*». Me sorprendió mucho que no defendiera con la misma pasión que sus catorce años en ese servicio también podían haberla *«viciado»* y no permitirle ver la actual realidad laboral con la debida claridad.

En otro momento de su charla, cuando hablaba de la importancia de saber idiomas para integrarse con éxito en el mundo laboral, una de las alumnas asistentes la interrumpió con educación diciendo que entonces por qué motivo durante sus años de universidad no se le había preparado mejor en este aspecto, incluyendo en sus estudios la enseñanza de idiomas. La persona del servicio de orientación laboral respondió que la universidad no era *«ni el papá ni la mamá»* de sus alumnos y que eran ellos los que debían de preocuparse por llenar esos vacíos en su formación.

En ese momento, y siguiendo a varios alumnos, entre ellos la alumna que había hecho la pregunta, me levanté y abandoné la charla. Mientras iba por los pasillos de la universidad me preguntaba si esa era la forma más adecuada de responder a una pregunta inteligente de una alumna. Y tampoco podía dejar de preguntarme si la persona que daba la charla no era consciente de que, en cierta manera, de entre todos los que estábamos allí, para la única para la que la universidad era *«papá y mamá»* era para ella, porque al fin y al cabo era de quién recibía un sueldo. Los alumnos *pagaban* por estudiar allí.

¿Realmente se habría dado cuenta del motivo por el que en tan poco tiempo varias personas abandonamos la charla? Quienes nos fuimos lo hicimos como reacción a su actitud defensiva y hostil. ¿Era esa actitud el reflejo de que trabajaba en un ambiente laboral tóxico?

¿Quiénes son los responsables de que el ambiente de una empresa sea tóxico? En una empresa, como en muchos otros aspectos de la vida, todos somos responsables, pero la responsabilidad no es igual para todos: hay grados de responsabilidad. Por muy mala intención o pocas competencias personales que tenga una sola persona, es poco lo que puede hacer contra un sistema bien organizado y fuerte.

Los gerentes y directivos de una empresa son los máximos responsables de su ambiente laboral. Muchos no han sido lo suficientemente preparados para dirigir personas, y suelen usar los métodos que han visto a otros. Esto suele hacer que casi siempre opten por un estilo autoritario o semi-autoritario (ya hemos visto el origen de ese estilo en el apartado *La cultura del error*). En otros casos, los gerentes optan por dedicarse a cuestiones más técnicas y delegan la dirección de personas y la gestión del ambiente laboral en el departamento de recursos humanos.

Los departamentos de recursos humanos

En una empresa, cuanto más importante sea el cargo que ocupa una persona mayor será su responsabilidad. Y cuanto más relacionadas estén sus funciones con el ambiente laboral, mayor responsabilidad tendrá en que un ambiente sea tóxico. Esto nos lleva directamente a los departamentos de recursos humanos.

Los departamentos de recursos humanos son, en buena medida, los encargados de medir, controlar y corregir el ambiente laboral de una empresa. Las personas que los integran deben ser capaces de saber cuál es la percepción del ambiente laboral de cada persona y en qué medida afecta eso a su bienestar personal y a su rendimiento.

Es importante que estos departamentos tengan a su disposición los medios adecuados y el margen de maniobra necesario para poder medir, controlar y modificar el ambiente laboral. Es también importante que estén integrados por personas con una gran sensibilidad interpersonal.

Si bien a estos departamentos se les debe facilitar las condiciones para realizar su trabajo y reconocer la importancia de su labor en el éxito de la empresa, de igual manera se les debe exigir que *asuman* la responsabilidad cuando, habiendo tenido medios suficientes y adecuados, en la empresa impere un ambiente laboral tóxico.

21. DESINTOXICANDO EL AMBIENTE LABORAL

> «Como no estás experimentado en las cosas del mundo, todas las cosas que tienen algo de dificultad te parecen imposibles».
>
> Miguel de Cervantes Saavedra

En este capítulo vamos a esbozar, muy brevemente, las medidas que debe tomar un departamento de recursos humanos que quiera sanear un ambiente laboral tóxico.

Una vez más, llamo la atención sobre que es importante no caer en la demagogia, y que debemos evitar que, debido a la toxicidad que se ha recibido por trabajar en un ambiente tóxico, se perciban estas líneas de actuación como imposibles, idealistas o inaplicables.

Sencillamente, si se quiere sanear un ambiente laboral esto es parte de lo que hay que hacer. Por supuesto, tomar estas medidas en una empresa con un ambiente laboral tóxico requerirá ciertas dosis de valentía, decisión e integridad personal. Pero al fin y al cabo, la solución de casi cualquier problema en la vida, sea cual sea su gravedad, siempre las requiere. Nada se resuelve ni mejora colaborando con un sistema tóxico.

Medidas para desintoxicar el ambiente laboral

1. Establecer una *línea base* en los tres factores que componen el *clima* laboral. Antes de realizar cualquier intervención, es imprescindible saber el estado actual de la situación. Para ello es necesario medir cuál es la percepción generalizada de cada uno de los factores. Se puede hacer esta medición utilizando tests de clima laboral y entrevistas personales.

2. Sacar *conclusiones* y establecer acciones de mejora. A la luz de los resultados de la fase de medición, deben sacarse conclusiones. Estas conclusiones no deben ser ambiguas ni en un sentido general, sino que deben reflejar el estado *real* del ambiente laboral sin pretender disfrazarlo. Es decir, que si se trabaja en un ambiente tóxico, deben ser conclusiones no influidas por el ambiente: tienen que ser independientes y no contagiadas por actitudes tóxicas.

3. Asegurarse de que se pone a disposición de las personas un *canal de comunicación* abierto por el que serán escuchadas de forma confidencial. De esta manera se empezará a conocer qué actitudes tóxicas se dan con mayor frecuencia, se les podrá empezar a poner freno y se generará confianza en las personas, porque verán que tienen disponible un espacio de defensa de su integridad y en el que encontrarán apoyo en caso necesario.

4. Realizar *intervenciones de urgencia* con las personas entre las que haya conflictos. No se trata de despedir o sancionar a nadie. Se trata de llegar al origen de los conflictos y enfocar a las personas en una dirección más productiva y útil, tanto para ellas como para la empresa.

5. Realizar intervenciones y mediciones en los *tres factores* del clima laboral. Aunque el departamento de recursos humanos puede tener más competencias a la hora de tratar con personas y menos a la hora de solucionar problemas de procedimientos o de organización, no hay que olvidar que detrás de todos ellos están las personas. Si bien el personal de recursos humanos puede no tener las capacidades y conocimientos técnicos para reformar procedimientos de trabajo y normas de organización, sí debe saber formar y dirigir grupos de trabajo compuestos por personas con las competencias técnicas necesarias para que se puedan corregir procedimientos de trabajo tóxicos. Los integrantes del departamento de recursos humanos deben saber actuar como *facilitadores* de la comunicación y moderadores de esos equipos de trabajo.

Para realizar estas labores es imprescindible que el departamento de recursos humanos sea *independiente* de la jerarquía, es decir que tenga autoridad incluso para modificar comportamientos de personas que ocupan puestos elevados en la empresa.

6. Realizar *nuevas mediciones* del clima laboral cada cierto tiempo, para medir el impacto de las intervenciones realizadas y hacer las correcciones necesarias.

7. *No relajar el esfuerzo.* Como sabemos, una de las características de las organizaciones es que tienden a desorganizarse. Las mediciones periódicas del clima laboral, actualizaciones constantes

en la formación de las personas que integran el departamento de recursos humanos, nuevas incorporaciones e innovar como método de trabajo ayudarán a generar nuevos impulsos que mantengan la tensión productiva en este departamento.

22. OTROS AMBIENTES TÓXICOS

«En la sociedad, la persona sensata es la primera que cede siempre. Por eso, los más sabios son dirigidos por los más necios y extravagantes».

Jean de la Bruyere

Hasta ahora hemos hablado de los ambientes laborales tóxicos en las empresas. Sin embargo, no quisiera terminar el libro sin ir un poco más allá.

Un ambiente tóxico se da cuando una organización tiene unas reglas que influyen negativamente en la personalidad de los individuos. Esto es aplicable no solamente a las empresas sino también a otros grupos y organizaciones (más o menos formales) a las que una persona puede pertenecer a lo largo de su vida: familia, grupos de amigos, organizaciones, instituciones, ciudad, país…

Debemos acostumbrarnos a ser capaces de analizar y entender cómo los grupos influyen en las actitudes de las personas, incluidas las nuestras. No siempre las actitudes serán tóxicas, pero conocer la capacidad de influencia de un grupo nos ayudará a juzgar con más claridad valores y reglas que parecen querer imponérsenos, por efecto de la presión y el pensamiento grupal, sin que nos demos cuenta. Si somos conscientes de esto tendremos más capacidad para decidir si adoptamos como propios determinados valores y actitudes.

Cuanto mayor sea el grupo al que pertenezcamos, más difícil se nos hará ver que estamos inmersos en un sistema que tiene unas reglas que influyen en nosotros. Cuanto más grande sea un sistema, más se asumirán sin demasiada discusión ciertos valores y actitudes, y se censurarán, también sin discusión, otros.

Saber reconocer las reglas ocultas que influyen en las actitudes y formas de pensar de la mayoría de las personas, nos ayudará a ser más tolerantes con actitudes que no entendemos y también a estar más predispuestos a asumir nuevas formas de ver la realidad. Culpabilizaremos menos a las personas individuales, y centraremos más nuestras energías en llamar la atención y cambiar procedimientos y formas de organización que no dan los resultados que se esperaban de ellos.

En ocasiones, estos ambientes grupales generarán también actitudes tóxicas que, por estar mayoritariamente compartidas o extendidas, no son percibidas por las personas como incorrectas. La incomprensión, la falta de ética, la corrupción, la falta de respeto a las personas, la mentira o la ausencia de objetivos colectivos básicos son algunas de las actitudes sociales tóxicas que a veces están tan extendidas que se confunden con valores útiles dignos de ser adoptados como propios. Muchas personas con actitudes sanas pueden llegar a pensar que sus actitudes son equivocadas y decidir cambiarlas por otras que les resulten más adaptativas en un ambiente tóxico, sacrificando de esa forma su integridad, volviéndose también tóxico su comportamiento y ayudando a crear un bucle que mantendrá al sistema tóxico.

Crear y mantener sistemas que no permitan la expresión de la personalidad acaba creando insatisfacción y malestar, y eso suele ser la semilla de futuros conflictos. Debemos ser capaces de tomar la suficiente distancia de las normas que nos imponen los diferentes ambientes en los que vivimos para que podamos verlas con perspectiva y juzgarlas con mayor objetividad y capacidad crítica.

Mantener valores y principios individuales basados en razonamientos propios sobre lo que está bien y lo que está mal y no sobre lo que nos conviene a nosotros, manifestar comprensión en lugar de rechazo hacia las actitudes de los demás y fomentar conductas que sirvan de ejemplo a otras personas, contribuirá a que, tarde o temprano, cambien las percepciones de otras personas, y por tanto cambien también las reglas no escritas que rigen muchos ambientes tóxicos, abriendo nuevos caminos para que se expulse la toxicidad y entre el aire fresco que permita que se produzcan cambios positivos que contribuyan a sanearlos.

CONCLUSIÓN

23. CONCLUSIÓN

> «Los que pueden actúan, y los que no pueden, y
> sufren por ello, escriben».
>
> William Faulkner

A lo largo del libro hemos visto la importancia del ambiente laboral, qué es lo que provoca que se vuelva tóxico y cuáles son algunas de las actitudes de las personas, las características de los procedimientos de trabajo y la formas de organización que originan que surja y se mantenga la toxicidad en una empresa.

Este libro tiene el propósito de llamar la atención sobre formas de organización empresarial que son tóxicas no solo para las personas sino también para las propias empresas. Independientemente del lugar y del contexto en el que se ha escrito el libro, estas formas de organización humana y empresarial se pueden dar en cualquier tiempo y lugar.

Partiendo de lo individual, enseñando a una persona a reconocer, entender y adaptarse a un ambiente laboral tóxico, el libro persigue que haya una toma de conciencia sobre actitudes, procedimientos y formas de organización que son tóxicos y que aunque puedan dar resultados durante un tiempo, son *equivocadamente* útiles por el nivel de sufrimiento que causan a las personas y por la pérdida de potencial y competitividad que producen a las empresas.

El libro aspira a que mediante muchos cambios individuales se logre un cambio a nivel colectivo en la forma de tratar y organizar a las personas en el trabajo. Usted y yo, caminando juntos a través de las páginas de este libro, constituimos la avanzadilla de la acción en la que se ha convertido este incontenible, y a veces insoportable, anhelo personal.

24. NOTAS DEL AUTOR

«Entréguese por completo a todo lo que haga. Hacer las cosas en serio es divertido».

Wynton Marsalis

La toxicidad

El adjetivo *tóxico* lo vi por primera vez usado para temas de psicología en el libro de Daniel Goleman, *Inteligencia emocional*, cuando se refería a las *emociones tóxicas* (1997; Barcelona: Kairós). Años más tarde me llamó la atención el uso que Bernardo Stamateas hacía de este mismo adjetivo en el título de uno de sus libros, *Gente tóxica* (2011; Barcelona: Ediciones B). Estas dos coincidencias me llevaron a pensar que no solamente las emociones o las personas pueden ser tóxicas, sino también los ambientes laborales y las variables y relaciones que se dan en ellos. A ambos autores les estoy agradecido por haber encendido mi creatividad con su creatividad. Al lector de este libro me permito recomendarle sus obras, ambas citadas en la bibliografía que se encuentra al final del libro.

Goldman Sachs

En el momento en que oí hablar de la carta de Greg Smith, el ex directivo de Goldman Sachs, supe que sería uno de los elementos narrativos que servirían como pilares de esta obra. Es necesario decir que cuando hago referencia a Goldman Sachs me limito a hablar sobre la *percepción* que tiene esta persona de la empresa de la que dimite, no hago afirmaciones, salvo error por mi parte, sobre la empresa ni sobre su ambiente laboral. No conozco personalmente a Greg Smith, ni a ninguna persona que trabaje o haya trabajado en esta empresa y no he realizado una investigación sobre ella. Por estos motivos, no pretendo en ningún momento calificar el ambiente laboral de Goldman Sachs, sino que solo utilizo la percepción que Greg Smith hizo pública en su carta para desarrollar argumentos, utilizando tiempos verbales condicionales o expresiones hipotéticas, sobre el ambiente laboral de las empresas en general, para que me permitan conectar con las percepciones que pueden tener otras personas de los ambientes laborales en los que trabajan.

Los derechos personales en la empresa

Los derechos personales en la empresa que se citan en este libro están inspirados en los derechos humanos básicos que aparecen en el libro de Vicente E. Caballo, *Manual de evaluación y entrenamiento de las habilidades sociales* (2007; Madrid: Siglo XXI) y en los derechos personales en una entrevista de trabajo que se enumeran en el libro de Arthur J. Lange y Patricia Jakubowski, *Responsible assertive behavior. Cognitive/behavioral procedures for trainers* (1976; Champaign, Illinois: Research Press), concretamente en el capítulo *Assertion Training for Job Interviewing and Management/Staff Development*, elaborado por Thomas V. McGovern.

En este libro he tratado de establecer unos derechos personales en el ámbito laboral, basándome en esas fuentes, en las conversaciones que he tenido con personas que tenían problemas con el ambiente laboral de las empresas en las que trabajaban y en opiniones y percepciones propias, con el objeto de establecer así unas referencias a partir de las cuáles se pueda analizar, entender y medir el impacto que el clima laboral, cuando es percibido como tóxico, tiene sobre las personas.

A los autores antes citados les quiero expresar mi agradecimiento por su amabilidad y cortesía profesional al contestar a mis peticiones y por las valoraciones y comentarios que han tenido la gentileza de trasladarme sobre los derechos personales en la empresa.

El estilo autoritario de dirección

Como se indica en la nota correspondiente, el desarrollo sobre el estilo autoritario de dirección del capítulo *La cultura del error*, está basado en la explicación que da Di Kamp en su libro *Marcando las diferencias. Las habilidades directivas clave para el siglo XXI* (2004; Barcelona: Gestión 2000). Un libro lleno de sentido común que debería ser de obligada lectura para cualquier persona que pretenda asumir la enorme responsabilidad de dirigir a otras personas.

Demasiadas veces se acepta un puesto directivo pensando solo en la motivación económica o el prestigio que conlleva, pero no se valora lo suficiente que se trata de una responsabilidad que no está al alcance de cualquiera saber ejercer con la debida competencia. Dirigir personas requiere paciencia, capacidad de analizar las situaciones con perspectiva, autocontrol emocional y cierto talento. Cualquier persona que aspire a dirigir personas o a la que se le ofrezca un puesto de dirección, debería hacer un autoanálisis honesto de sus capacidades, preguntándose si realmente tiene las competencias requeridas para dirigir a otras personas, y por lo tanto si sabrá ejercer con eficacia esa responsabilidad.

El gas TOXAL

Cuando diseñé el test de toxicidad laboral, barajé la posibilidad de que los valores que salen como resultado se refirieran a una medida concreta. En lugar de que una persona, tras realizar el test, dijera que *«percibo un nivel de toxicidad de 180 en mi empresa»*, creí que tal vez sería mejor poder darles a los lectores la posibilidad de concretar algo más.

Ya que la toxicidad es una propiedad de los gases, se me ocurrió inventar un gas ficticio, el TOXAL[16], y que el test midiera el nivel

---

[16] El gas TOXAL es el gas tóxico del ambiente laboral. Se propaga por el aire y es altamente contagioso. Afecta solo a las personas, siendo animales y plantas inmunes a él. Las personas afectadas por este gas presentan, entre otros, síntomas como irritabilidad, insomnio y altos niveles de insatisfacción con su trabajo. Puede también ocasionar pérdida de apetito y tendencia al aislamiento. Suele darse en los centros de trabajo, hasta el punto de que se ha comprobado que sus efectos remiten durante los fines de semana y más significativamente durante períodos vacacionales prolongados.

de TOXAL que una persona percibe en su trabajo. De la misma forma que los gases se miden en ppm (partículas por millón), el TOXAL se mediría en partículas por persona (ppp). Así, hallando la media de los resultados obtenidos en el test por todos los miembros de una empresa, se podría saber el grado de toxicidad de la empresa.

Finalmente opté por no incluirlo en el texto. He decidido ponerlo en las notas, para que sea el lector quien decida si quiere referirse a los resultados del test como el nivel de toxicidad que percibe o el TOXAL que hay en su ambiente de trabajo.

Frases

Son muchas las frases que adornan los capítulos del libro. Desde que tengo uso de razón, me ha llamado la atención el genio, el talento y la sabiduría que encierran estos aforismos, y cómo sirven para que los principios e ideas de personas de épocas pasadas y presentes lleguen hasta nosotros resumidas en solo unas pocas palabras. En este libro, además de frases de mi colección particular, he utilizado frases recogidas en la página web *Proverbia.net*, fuente debidamente citada en la bibliografía.

Contacto

Puede enviar sus sugerencias o comentarios al autor a la dirección de correo electrónico:

ricardocalza@hotmail.es

25. BIBLIOGRAFÍA

> «La lectura es una conversación con las personas más
> ilustres de los siglos pasados».
>
> René Descartes

Caballo, Vicente E. (2007). *Manual de evaluación y entrenamiento de las habilidades sociales.* Madrid: Siglo XXI.

Calza González, Ricardo (2013). *Proyecto Job Centre: implementación de una nueva forma de actuación de las oficinas públicas de empleo en Galicia.* La Coruña: inédito.

Chiang Vega, Margarita, Martín Rodrigo, María José y Núñez Partido, Antonio (2010). *Relaciones entre el clima organizacional y la satisfacción laboral.* Madrid: Universidad Pontificia Comillas.

Goleman, Daniel (1997). *Inteligencia emocional.* Barcelona: Kairós.

Grupo Harper & Lynch España, (1992). *Motivación de personal y clima laboral.* Madrid: Ediciones de Publicaciones Económicas.

Inglés Saura, Cándido J. (2003). *Enseñanza de habilidades interpersonales para adolescentes.* Madrid: Pirámide.

Kamp, Di (2004). *Marcando las diferencias. Las habilidades directivas clave para el siglo XXI.* Barcelona: Gestión 2000.

Labrador Encinas, Francisco Javier (coordinador). (2008). *Técnicas de modificación de conducta.* Madrid: Pirámide.

Lange, Arthur J. y Jakubowski, Patricia (1976). *Responsible assertive behavior. Cognitive/behavioral procedures for trainers.* Champaign, Illinois: Research Press.

Morán Astorga, Consuelo (2009). *Estrés, burn-out y mobbing. Recursos y estrategias de afrontamiento*. Salamanca: Amarú ediciones.

Moscovici, S. (1985). *Psicología social, I. Influencia y cambio de actitudes. Individuos y grupos*. Barcelona: Paidós ibérica.

Noves Idees per a la Xarxa, S.L. (2013). *Proverbia.net*. Valencia: Novixar. Consultado en http://www.proverbia.net

Palmero, Francesc y Fernández- Abascal, Enrique G. (1998). *Emociones y adaptación*. Barcelona: Editorial Ariel.

Real Academia Española. (2013). *Diccionario de la lengua española (22ª ed.)*. Consultado en http://www.rae.es

Smith, Greg (2012). *Why I am leaving Goldman Sachs*. March 14, 2012, The New York Times: New York.

Stamateas, Bernardo (2011). *Gente tóxica*. Barcelona: Ediciones B.

26. AUTOR

Nací en A Coruña (España) en 1973. Soy licenciado en Psicología por la Universidad de Santiago de Compostela.

Empecé desarrollando mi labor profesional como psicólogo ejerciendo desde la iniciativa privada, y poniendo en marcha un programa de deshabituación de conductas adictivas. Más tarde trabajé como orientador en un proyecto de inserción laboral destinado a jóvenes, colectivos desfavorecidos y personas en riesgo de exclusión social. En los últimos años he impartido actividades de formación tanto en el sector privado como en colaboración con la Universidad de A Coruña, combinándolas con una labor profesional en la empresa privada, y me he dedicado a escribir libros de psicología práctica.

Soy miembro de la Asociación Colegial de Escritores de España y forma parte de la Author Central de Amazon.com para escritores independientes.

Para saber más sobre mí y mi trabajo, y para estar al día de nuevos títulos, visite mi página web: http://www.ricardocalza.es

ERRATAS

A menudo le hablo a un amigo de mi preocupación (casi una obsesión) por no cometer errores al escribir un libro. Él siempre me relata una anécdota, supongo que inventada, de una editorial que pretendió publicar un libro que no contuviera ninguna errata. El título era, según mi amigo, *El primer libro sin arratas*, lo que demuestra lo difícil que es lograr que en un libro no haya ni un solo fallo.

En caso de que a lo largo del libro haya encontrado algún error o «*arrata*», por favor, no deje de indicármelo enviándome un correo electrónico.

www.ingramcontent.com/pod-product-compliance
Lightning Source LLC
Chambersburg PA
CBHW071405280526
45787CB00001B/440